Google Tag Manager:
Unabhängig und sicher zum Ziel

Ein Step by Step Guide mit allen wichtigen Punkten für die erfolgreiche Verwendung auf Ihrer Webseite

Flaim Manuel

V2: Anpassung des Guide an die neue grafische UI

Das Copyright des „Google Tag Manager Logo" liegt bei Alphabet Inc.

Inhaltsverzeichnis

1. Einleitung

https://tagmanager.google.com

Mit Hilfe dieses Buches möchte ich Ihnen eine **bebilderte Schritt für Schritt Anleitung** bieten, welche:

- es Ihnen ermöglicht, ein **Google Tag Manager (GTM) Konto** und **Container** zu erstellen
- es Ihnen ermöglicht, **Google Analytics und Google Adwords** mittels GTM auf Ihrer Internetseite einzubinden
- es Ihnen ermöglicht, die **wichtigsten Interaktionsmöglichkeiten eines Benutzers** mit Ihrer Internetseite mittels Erstellung von **Google Analytics Ereignissen** und mit Hilfe von GTM zu protokollieren (Mail-Click, Click-to-Call, Anfrage durch ein Anfrageformular, Download eines PDFs)
- es Ihnen ermöglicht, mit Hilfe dieser Ereignisse **Ziele in Analytics** zu erstellen
- es Ihnen als **Bonus** ermöglicht, umfassende **Structured Data / Microdata** (mit Vorlage) mittels Google Tag Manager in Ihre Seite einzubinden, und zwar in dem von Google empfohlenen, aber wenig bekannten **JSON-LD Format**

Google's Tag Manager hat auf den ersten Blick den Anschein, für den alltäglichen Gebrauch viel zu kompliziert zu sein. Erstens, weil von wenigen Personen/Agenturen wirkungsvoll verwendet, zweitens, weil man sich die meisten Informationen darüber mühsam zusammensuchen muss. Mit Hilfe dieses Buches werden Sie **Schritt für Schritt geführt**, damit Sie mit Google Tag Manager alle wichtigsten **Kontrollmechanismen** Ihrer Seite **erstellen und verwalten** können. Überprüfen Sie die Wirksamkeit Ihrer Seite und jeglicher Werbeaktionen und erstellen Sie Events und Ziele wie ein Profi.

Besonders stolz bin ich, Ihnen eine **Anleitung mit Vorlage** und komplettem Beispiel geben zu können, um **Structured Data / Microdata** auf Ihrer Internetseite einzubauen, in einem Format, das von Google empfohlen wird, aber wenige ausführlich kennen: **JSON-LD**, mit dem Sie mittels Javascript und basierend auf Schema.org, ohne ein lästiges und fragmentiertes Einbinden im HTML Code (mit itemprop, itemtype, etc.), Ihrer Internetseite eine der höchsten Ebenen des **SEO-Feinschliffs** hinzufügen können. Dieser Code wird mittels Google Tag Managers **Custom HTML Tag** beinahe unsichtbar für eventuelle Mitbewerber eingebaut.

Mit Version 2.0 bildet das Buch außerdem die neue grafische Oberfläche (Änderung Herbst 2016 und zusätzlich Frühjahr 2017) ab.

Seien Sie der Konkurrenz und dem Markt immer einen Schritt voraus!

2. Google Tag Manager Konto & Container Erstellung

Verwaltung > Konto erstellen

Neues Konto hinzufügen

1 Konto einrichten

Kontoname

z. B. Mein Unternehmen

☐ Daten anonym an Google und andere weitergeben

Weiter

2 Container einrichten

Erstellen   Abbrechen

Sie können entscheiden, ob Sie das Benchmarking durch das Aktivieren des Kontrollkästchens anonym weitergeben, um es Google zu erlauben, Gesamttrends zu erstellen. Dem Konto einen Namen geben und einfach auf „**Weiter**" klicken. Ihr Google Tag Manager Account kann verwendet werden, um die Containers für mehrere Seiten zu erstellen.

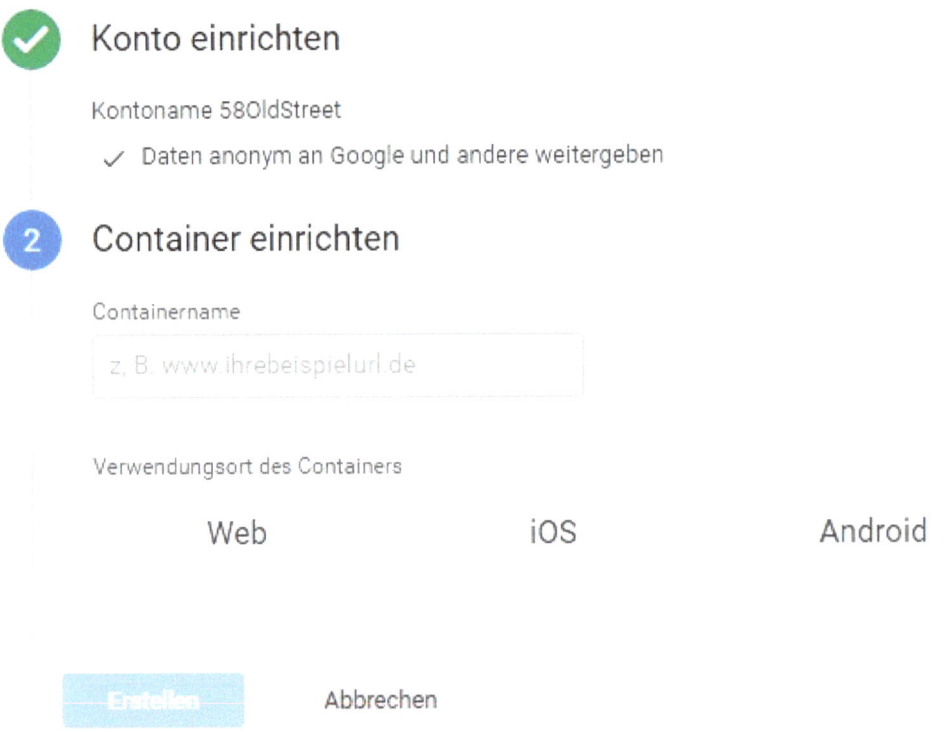

Auch dem Container einen erkennbaren Namen geben (am besten die URL der Internetseite auf dem der Container eingebaut wird) und den Verwendungsort des Containers bestimmen:

- WEB – Benutzung auf Internetseiten
- iOS – Benutzung in iOS (Apple) Apps
- Android – Benutzung in Android Apps

Auf „**Erstellen**" klicken und den Nutzungsbestimmungen zustimmen: Nun können wir loslegen!

Nach Zustimmung der Nutzungsbedingungen erscheint ein Popup-Fenster mit dem Google Tag Manager Code, welcher von Ihnen oder Ihrem Webmaster direkt nach dem öffnenden <body> Tag im HTML Code Ihrer Seite eingefügt werden muss.

Jeder Container erhält eine eigene Container ID, welche wie folgt aussieht: GMT-XXXXXX und den Container eindeutig identifiziert. Sie können also mit einem Account mehrere Container erstellen und verwalten.

Google Tag Manager installieren

Kopieren Sie den unten stehenden Code und fügen Sie ihn auf jeder Seite Ihrer Website ein. Platzieren Sie ihn direkt nach dem öffnenden <body>-Tag.

```
<!-- Google Tag Manager -->
<noscript><iframe src="//www.googletagmanager.com/ns.html?id=GTM-PHBSFG"
height="0" width="0" style="display:none;visibility:hidden"></iframe></noscript>
<script>(function(w,d,s,l,i){w[l]=w[l]||[];w[l].push({'gtm.start':
new Date().getTime(),event:'gtm.js'});var f=d.getElementsByTagName(s)[0],
j=d.createElement(s),dl=l!='dataLayer'?'&l='+l:'';j.async=true;j.src=
'//www.googletagmanager.com/gtm.js?id='+i+dl;f.parentNode.insertBefore(j,f);
})(window,document,'script','dataLayer','GTM-PHBSFG');</script>
<!-- End Google Tag Manager -->
```

Weitere Informationen zum Installieren des Google Tag Manager-Snippets erhalten Sie in unserer Kurzanleitung.

Unter dem Hauptmenüpunkt „**Konten**" können Sie alle einzelne Container finden und diese bearbeiten. In diesem Falle haben wir nur einen einzelnen Container:

Das Dashboard ist die Kontrollzentrale Ihres Containers, von hier aus können „**TAGs**", „**Trigger**" und „**Variablen**" erstellt werden:

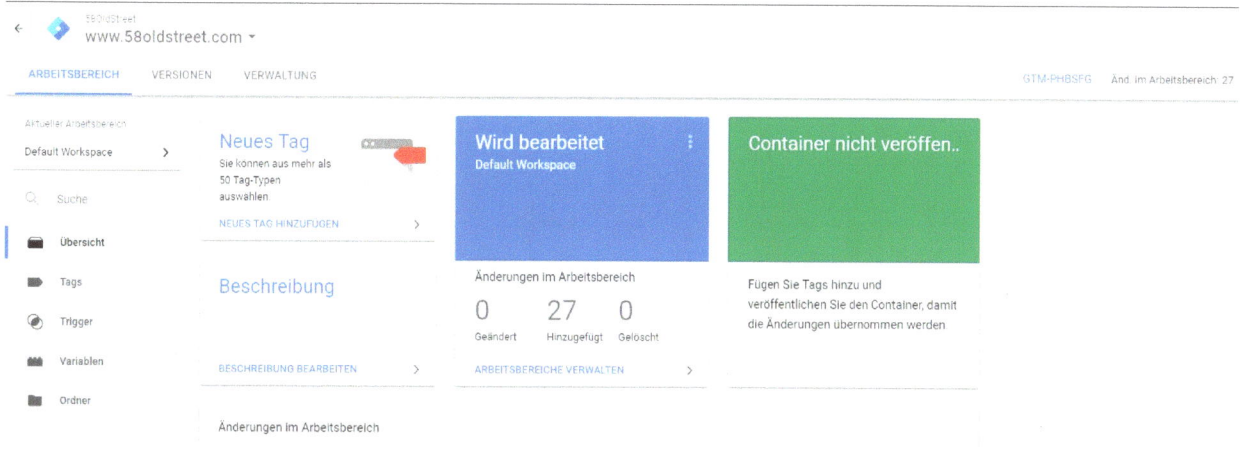

Q Suche

■ Übersicht

■ Tags

◉ Trigger

■ Variablen

■ Ordner

TAGs:

Teil eines Codes, der ausgeführt wird, um Informationen an dritte Applikationen zu senden (Google Analytics z.B.). Ein TAG ist immer an einen Trigger gebunden und kann eine oder mehrere Variablen und Konstanten beinhalten.

Trigger:

Sie definieren bestimmte Bedingungen, welche eintreten müssen, damit bestimmte Aktionen durchgeführt werden. Sie definiere somit ein Ereignis (in Englisch „hit"), welches ein Klick, ein Timer, ein Javascript Fehler, etc. sein kann. Ein TAG kann von einem oder mehreren Triggern ausgelöst werden.

Variablen:

Sie sind Elemente, welche Werte enthalten. Diese Werte können, wie das Wort selbst sagt, variabel sein, aber auch vom Benutzer selbst mit konstanten Werten erstellt und verändert werden (z.B. Analytics Tracking-ID, URL, HTML Script, etc.). Auch wenn es gegen jede Logik geht, finden wir hier sowohl Konstanten (Analytics Tracking-ID z.B.) als auch Variablen ({{pagePath}} z.B.).

Beim ersten Gebrauch finden Sie unter dem linken Menüpunkt „**Variablen**" bereits aktivierte Variablen, welche später für uns wichtig sein werden (im meinem Falle sind bereits sehr viele aktiviert):

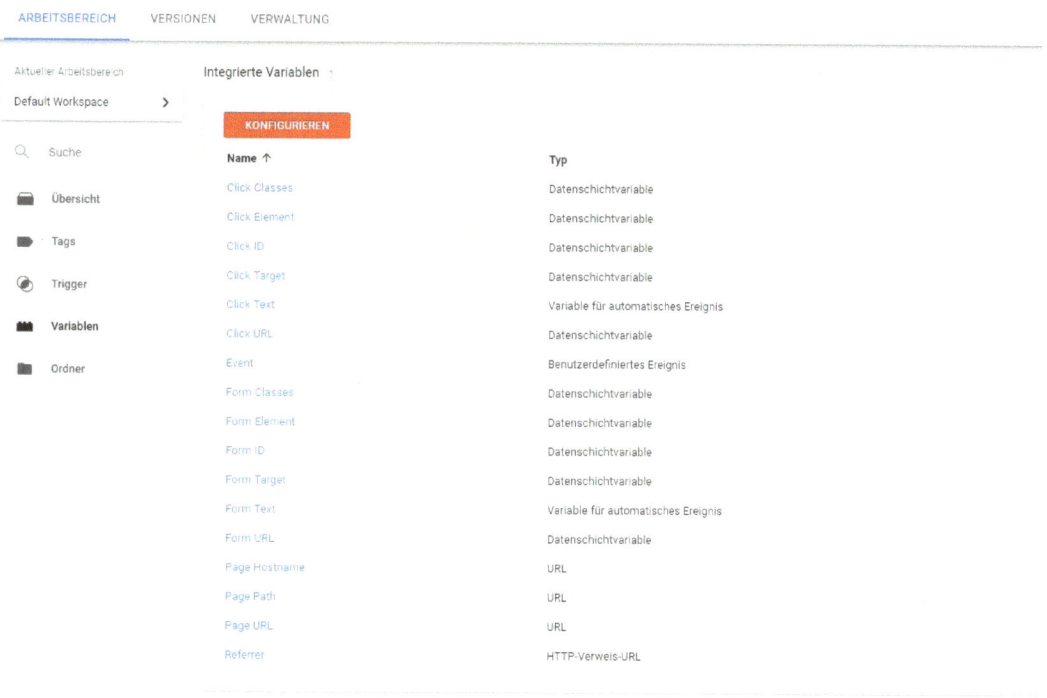

Durch Klicken auf die roten „**Konfigurieren**" Taste wird eine Liste eingeblendet, wo Sie Variablen aktivieren und deaktivieren (stehen Ihnen dann deaktiviert bei den Triggern nicht mehr zur Verfügung):

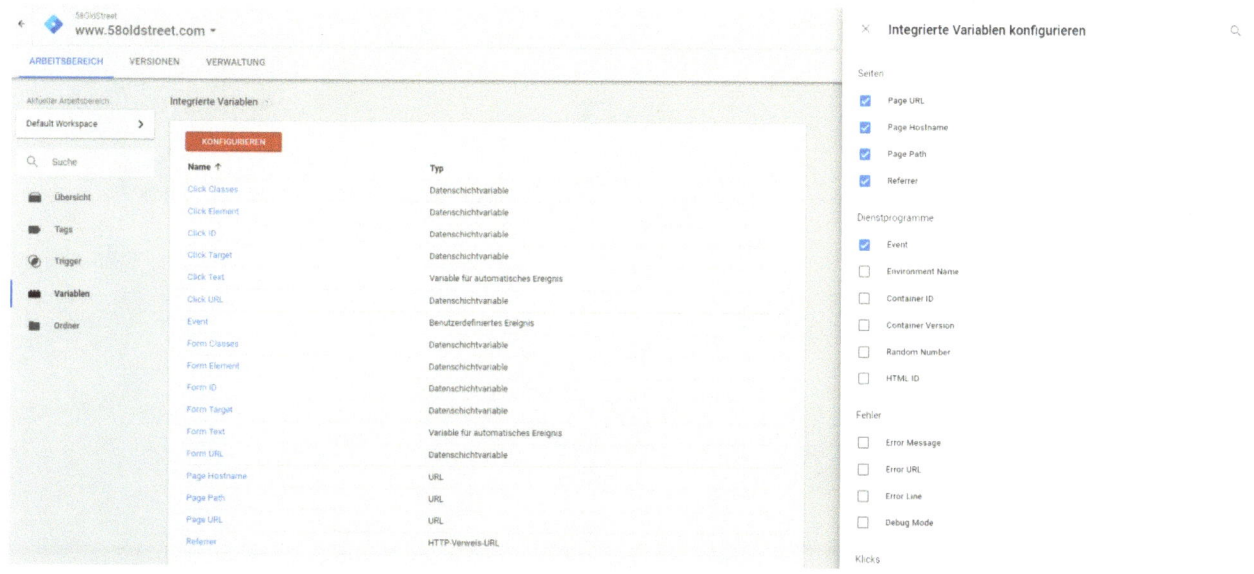

Wichtig sind eigentlich alle Varianten der *„Click" Variablen* wie z.B „Click Classes" (CSS Klasse des klickbaren Elements) oder *„Click Text"* (der Text auf dem geklickt wird), sowie die „Form" Variablen (wichtig bei der Erstellung von Analytics Events beim Absenden von Forms, wie Anfragen, Buchungen, etc.). Bei den jeweiligen Events werde ich auf die einzelnen Variablen eingehen.

Am besten Sie erstellen gleich eine neue Variable, nämlich eine sogenannte „Konstante" mit dem Google Analytics ID-Code. Unter dem linken Menü auf **„Variablen"** klicken und bei *„Benutzerdefinierte Variablen"* auf **„NEU"** klicken:

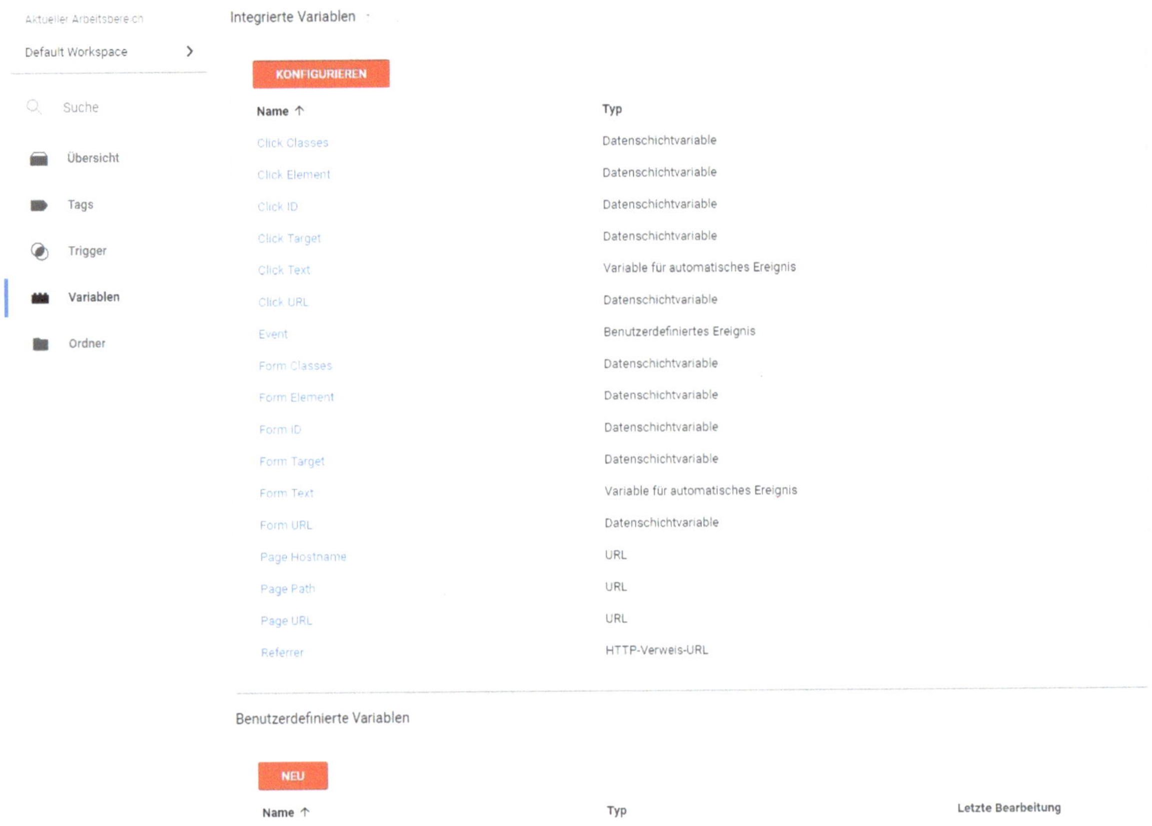

Der Variable einen Namen geben (Analytics ID z.B.) und auf „Variable konfigurieren" klicken:

Hier bei *„Variablentyp auswählen"* den Reiter **„Konstant"** auswählen (im Bild letzter Punkt unten rechts):

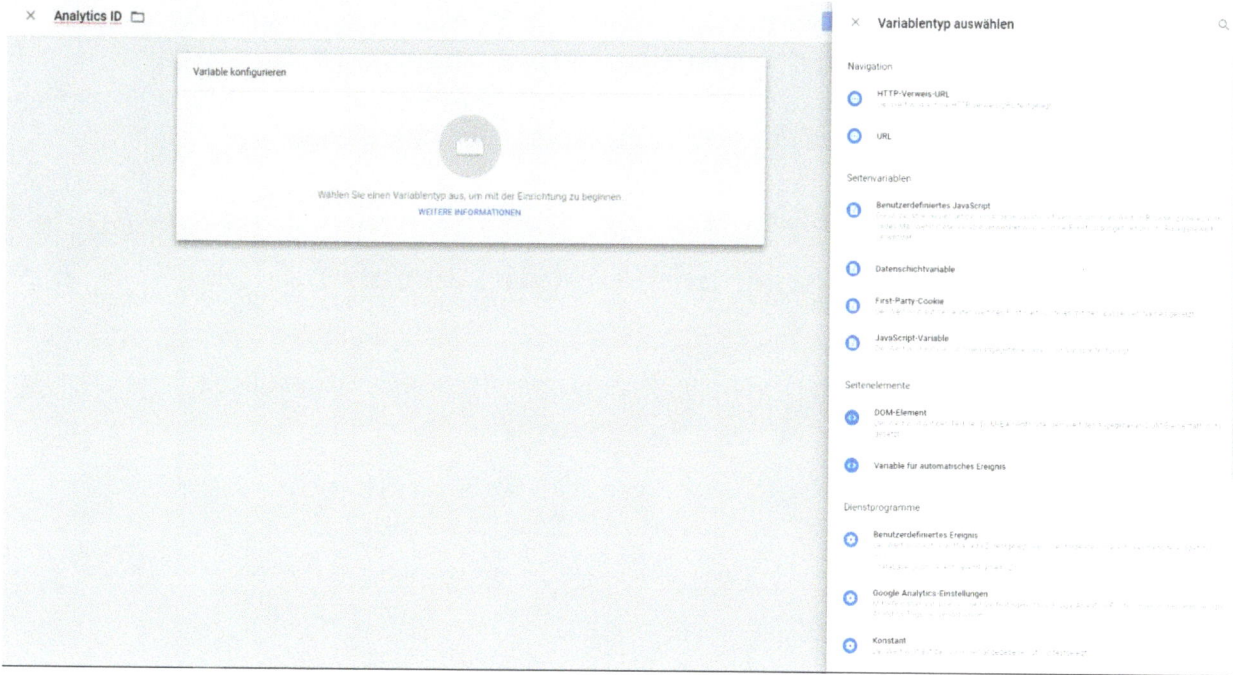

Unter *„Wert"* dann die Analytics Tracking-ID hinterlegen. Diese hat folgende Form **UA-XXXXXXXX-X** und kann in Ihrem Analytics Account unter **Verwalten -> Tracking Informationen -> Tracking Code** gefunden werden. Auf **„Speichern"** klicken.

3. Google Analytics einbinden

Wir konzentrieren uns in diesem Buch auf die **Überwachung der Leistungsdaten** (Visiten, etc.) Ihrer Internetseite mit Hilfe von Google Analytics, sowie auf die **Erstellung von wichtigen Events** (Klick auf einem Downloadknopf, Click to Call vom Mobilgerät aus, eine direkte Anfrage mittels Anmeldeformular, oder eine Anfrage mittels Klick auf die E-Mail-Adresse auf Ihrer Internetseite), welche in Google Analytics als **Ziele / Conversions** eingestellt werden können.

3.1. Überwachung der Leistungsdaten Ihrer Internetseite mittels Google Tag Manager und Analytics Events

Sie können entweder vom **Dashboard** aus, oder von der linken Navigationsleiste unter dem Punkt „**TAGs**" einen neuen TAG erstellen, indem Sie auf „**Neu**" klicken.

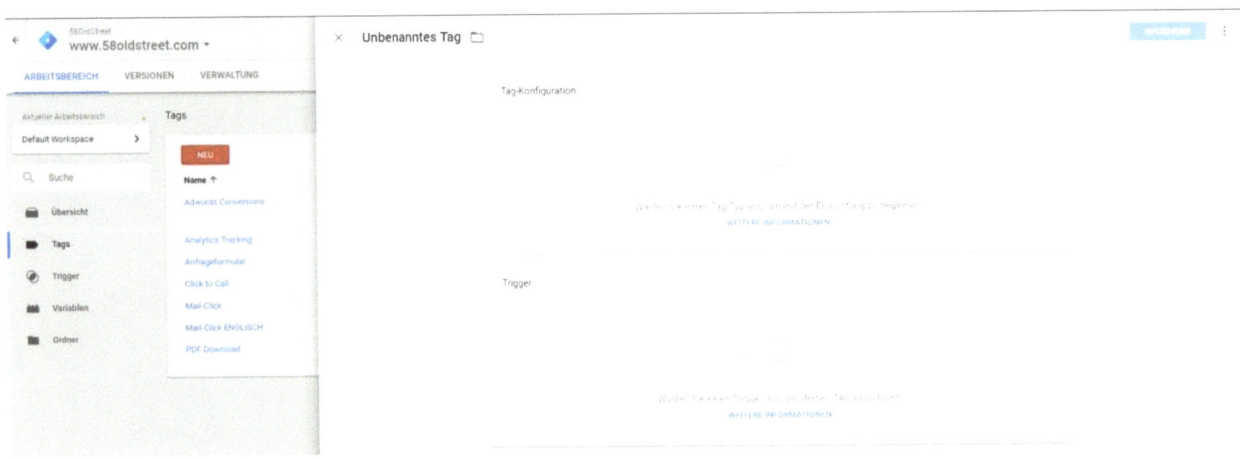

Dem TAG einen *Namen* geben und auf „**Tag-Konfiguration**" klicken. Wählen Sie als TAG-Typ **Universal Analytics**, als „*Tracking Typ*" in diesem Falle das standardmäßig ausgewählte „*Seitenaufruf*" und setzen ein Häkchen auf „*Einstellungen zum Überschreiben in diesem Tag aktivieren*". Dabei erscheint ein neues Feld, wo Sie die **Tracking-ID** Ihres Analytics Accounts eingeben.

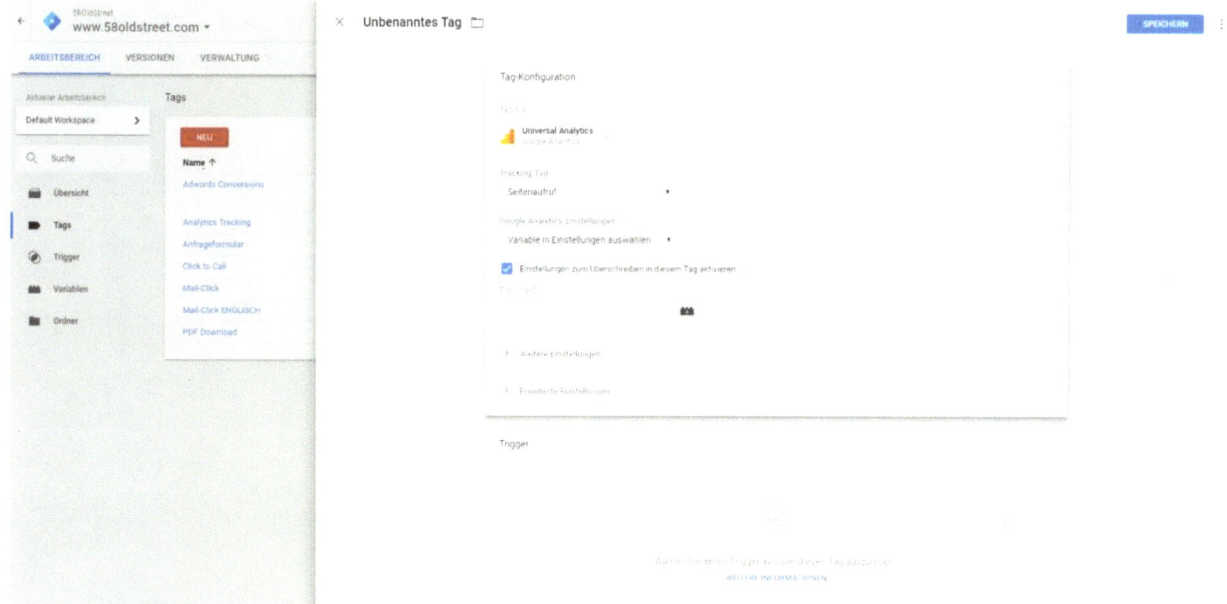

Bei der „*Tracking ID*" können Sie also entweder jedes Mal die Analytics ID hinterlegen, oder Sie finden nach dem Erstellen der Konstante (wo Ihre Analytics ID hinterlegt worden ist), durch Klick auf das **Lego-Steinchen** rechts vom Eingabefeld ein Dropdown Menü, wo Sie Ihre eben erstellte Konstante finden und einfügen können. In meinem Fall {{Analytics ID 58OldStreet.com}}.

Sie können entscheiden, ob Sie die Funktion für **Displaywerbung** aktivieren (demografische Merkmale, Interessen und Remarketing). Bitte beachten Sie hierbei die Privacy-Richtlinien / Cookie-Hinweis-Richtlinien, welche daraus resultieren und in jedem deutschsprachigen Raum individuell angewendet werden!

Sollten Sie sich im Zuge der Anpassung an die Cookie-Hinweis-Richtlinien dafür entscheiden, die Zugriffe Ihrer Benutzer zu **anonymisieren**, fügen Sie unter **Weitere Einstellungen** -> **Festzulegende Felder** -> beim **Feldname** *anonymizeIp* -> und beim **Wert** *true* hinzu.

Auf „**Trigger**" mit eigener Box klicken und beim „*Trigger auswählen*" den Punkt „**All Pages**" auswählen:

Dem TAG noch einen Namen geben (z.B. Analytics Tracking) und durch Klicken auf „**Speichern**"
wird der Google Analytics Tag, welcher die Daten Ihrer Internetseite, wie Visiten, Absprungrate,
Referral, etc. überwacht, gespeichert.

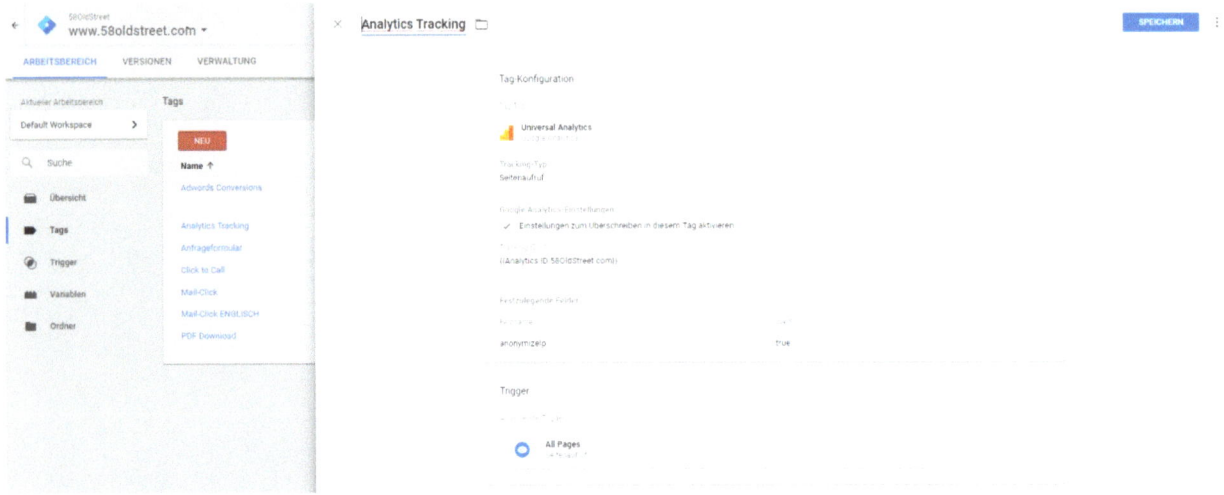

Sie finden alle TAGs, welche Sie erstellt haben unter dem linken Menüpunkt „**TAGs**" und können
diese bei Bedarf auch ändern:

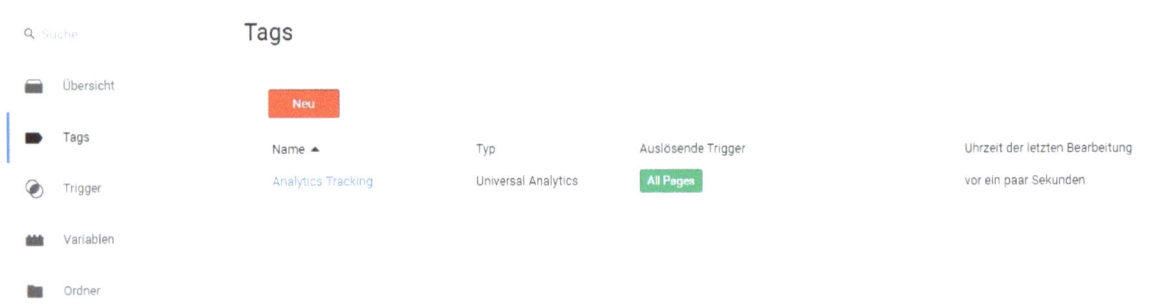

Alle Änderungen, die Sie im Google TAG Manager durchführen, müssen **zuerst veröffentlicht
werden**, damit Sie auf Ihrer Internetseite wirksam sind. Erkennen können Sie noch nicht
veröffentlichte / nicht synchronisierte Änderungen an der immer präsenten Anzeige im rechten,
oberen Teil des Interface:

Also nicht vergessen, auf „**SENDEN**" zu drücken!

3.2 Erstellung der wichtigsten Event-TAGs

3.2.1 Event beim Klicken der auf Ihrer Internetseite hinterlegten E-Mail-Adressen (Mail Click)

Eine **Ereignis-Protokollierung** beim Klick der auf Ihrer Internetseite hinterlegten **E-Mail-Adressen** ist mit anschließender Erstellung eines Zieles in Analytics sehr wichtig. Vor allem dann, wenn Sie kein Anfrageformular verwenden und dies die bevorzugte Kontaktaufnahme eines Benutzers mit Ihnen sein wird. Erstellen Sie einen **neuen TAG**, wie vorher beschrieben. Wählen Sie auch hier **Universal Analytics** aus und fügen Sie die Tracking ID mittels Konstante oder händisch ein. Beim *„Tracking-Typ"* müssen Sie in diesem Falle *„*Ereignis*"* wählen.

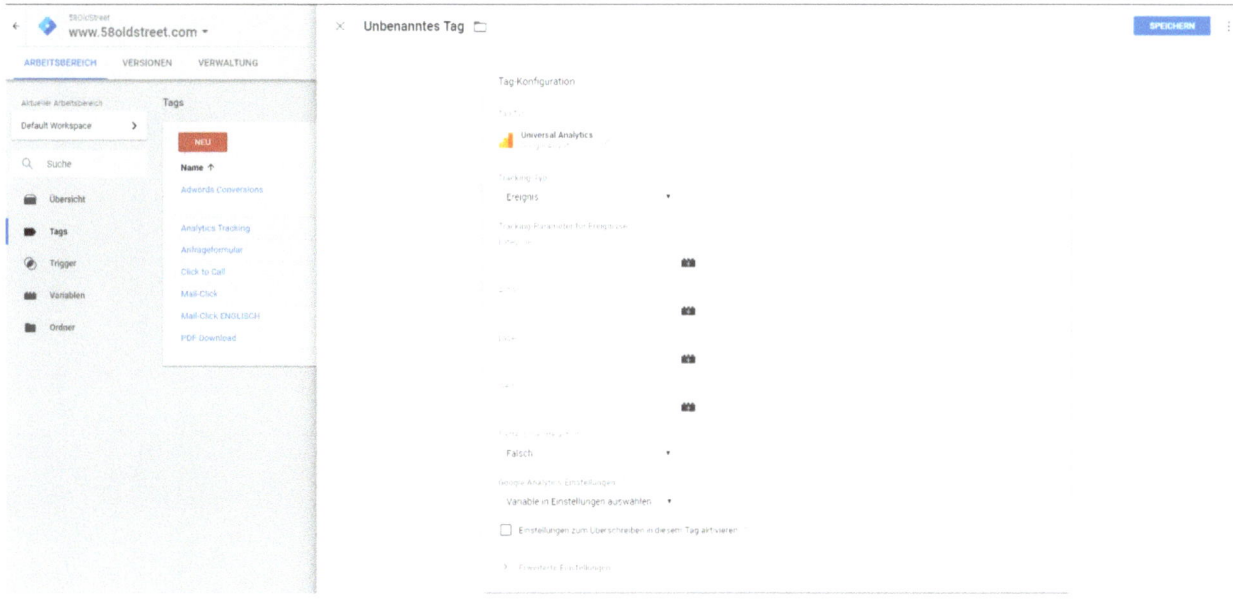

Geben Sie dem Ereignis einen Namen (Mail Klick z.B.) und füllen Sie die **Felder der Tracking Parameter** aus: Der *„Kategorie"* einen erkennbaren Namen (Mail Click, mailto, etc.) geben, bei der *„Aktion"* beschreiben Sie die Art der Aktion (Klick, Download, etc.) und beim *„Label"* können Sie, sofern erwünscht, folgende Variable hinzufügen {{Page Path}}. Damit werden Sie in Analytics erkennen, auf welcher Seite dieses Ereignis durchgeführt worden ist. Das Feld *„Wert"* können Sie freilassen, oder auf Wunsch dem Ereignis einen Geld-Wert zuordnen (der Download eines PDFs, oder der direkte E-Mail-Kontakt haben für Sie einen Wert von z.B. 10 Euro). Nicht vergessen, dass Sie auch hier, sofern verwendet, die **Daten anonymisieren** lassen können (Beschreibung auf den Seiten 12).

Beim *„Treffer ohne Interaktion"* können Sie bestimmen, ob dieses Ereignis Einfluss auf die Bounce Rate der Seite hat. Bei *„Falsch"* hat es einen Einfluss, bei *„Wahr"* hingegen keinen Einfluss.

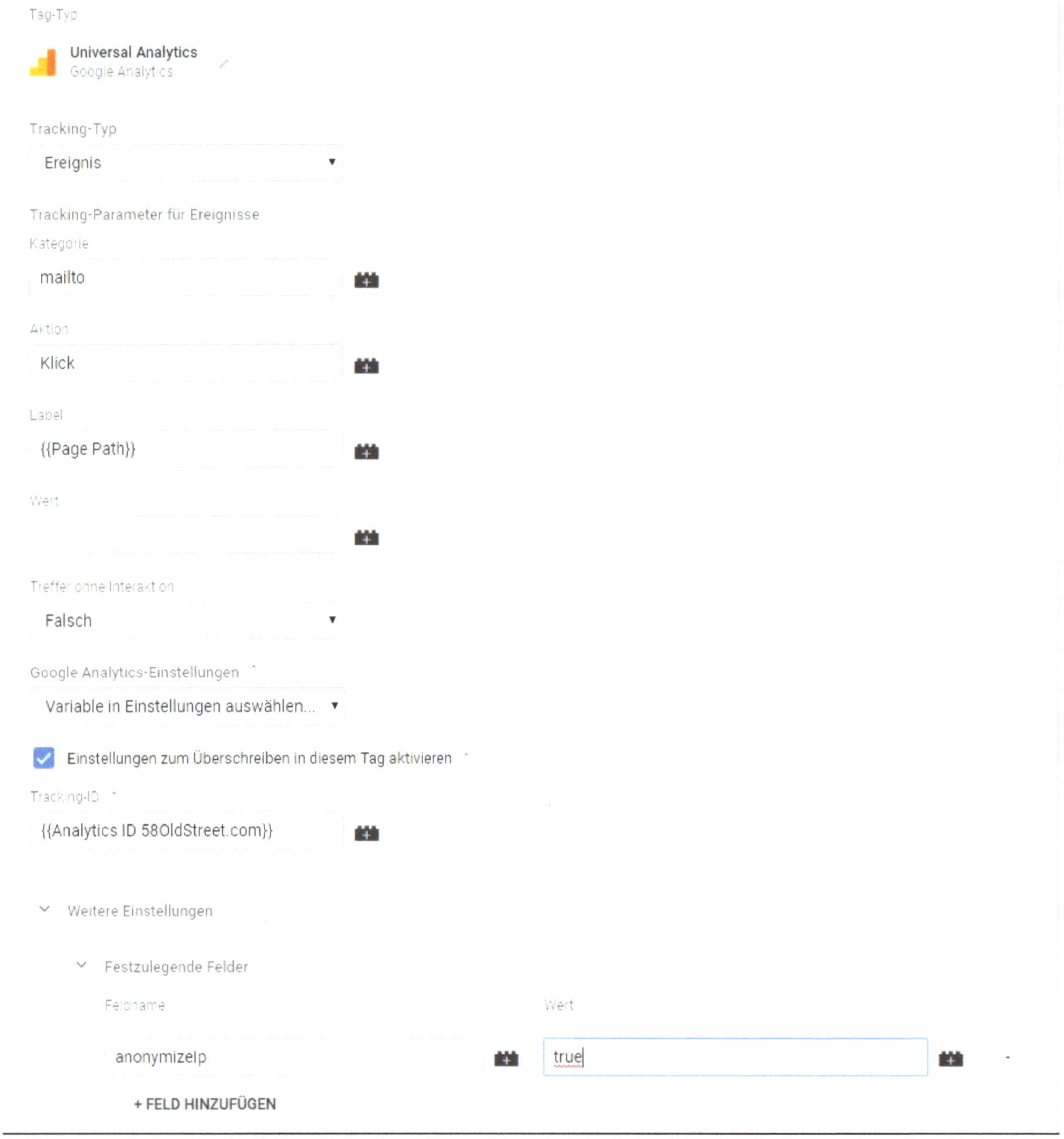
Tag-Typ
Universal Analytics
Google Analytics
Tracking-Typ
Ereignis
Tracking-Parameter für Ereignisse
Kategorie
mailto
Aktion
Klick
Label
{{Page Path}}
Wert
Treffer ohne Interaktion
Falsch
Google Analytics-Einstellungen
Variable in Einstellungen auswählen...
Einstellungen zum Überschreiben in diesem Tag aktivieren
Tracking-ID
{{Analytics ID 58OldStreet.com}}
Weitere Einstellungen
Festzulegende Felder
Feldname
Wert
anonymizeIp
true
+ FELD HINZUFÜGEN

Auf die „**Trigger**“-Box am Ende der Seite klicken. Nun können Sie bestimmen, welcher **Trigger** dieses Event auslöst. Wir klicken auf das blaue Plus im rechten oberen Eck:

Unbenanntes Tag
Tag-Konfiguration
Trigger auswählen
Ordner

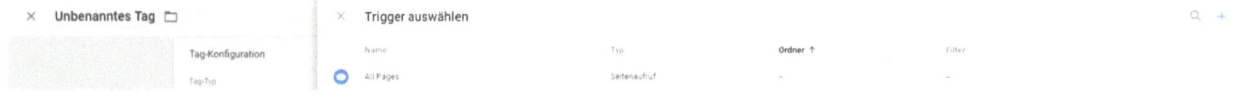

Ein neues Fenster erscheint: Bei „**Triggerkonfiguration**" auf die Box klicken und nun geben Sie an, ob das Element auf das Sie klicken ein Link (**NUR LINKS**, gekennzeichnet durch den Tag <a> auf Ihrer Internetseite) oder ein anderes Element (**ALLE ELEMENTE**, also auch <div>, <p>, etc.) ist. Normalerweise befinden sich klickbare E-Mail-Adressen in einem <a> TAG. Wir wählen deshalb „**Nur Links**" aus.

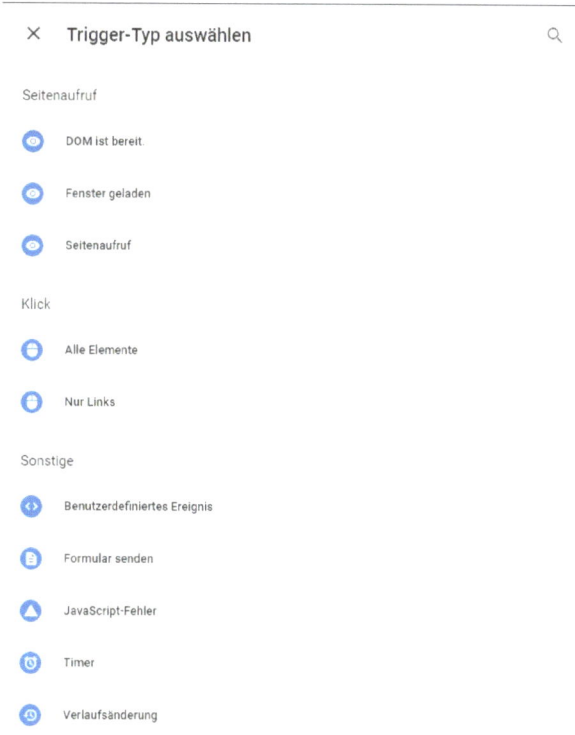

Eventuell „**Auf Tags warten**" flaggen (Box checken) mit maximaler Wartezeit von 2000ms (2 Sekunden): Hiermit wird der Link erst geöffnet, nachdem der TAG aktiviert worden ist, oder nachdem die maximale Wartezeit von 2 Sekunden abgelaufen ist.

Sie können die Box „**Bestätigung überprüfen**" natürlich auch flaggen: Damit werden „unwillkürliche" Klicks (vor allem bei Apps interessant) herausgefiltert.

Dann müssen Sie entscheiden, auf welchen Seiten dieser Trigger ausgelöst werden kann.
Auf den nächsten Seiten werde ich ausführlicher über diese Schritte und Varianten von Klicks auf Ihre E-Mail-Adresse schreiben.

Sie haben nun eine große Auswahl an Möglichkeiten und können die Ereignisse z.B. auch auf den unterschiedlichen Sprachversionen Ihrer Internetseite protokollieren.

1. Wenn Sie das Event auf allen Seiten Ihrer Interseite protokollieren möchten (ohne die unterschiedlichen Sprachen zu berücksichtigen), wählen Sie „**Click Text**" im ersten Feld vom Dropdown-Menü, „**enthält**" im zweiten Feld und **Ihre E-Mail-Adresse** (muss dieselbe wie im klickbaren Element auf Ihrer Internetseite sein) im dritten und letzten Feld.

   Dem Trigger einen Namen geben (**Mail-Click** z.B.) und auf „**Speichern**" klicken.

2. Nehmen wir nun an, Ihre Internetseite hat 2 Sprachen, Deutsch und Englisch, welche im URL Bereich jeweils einen Unterordner haben (www.myhomepage.de/de/XXX und www.myhomepage.de/en/XXX).
   Das Event auf allen **deutschen Seiten** Ihrer Interseite protokollieren Sie, indem Sie „**Click Text**" im ersten Feld vom Dropdown-Menü, „**enthält**" im zweiten Feld und **Ihre E-Mail-Adresse** (muss dieselbe wie im klickbaren Element auf Ihrer Internetseite sein) im dritten und letzten Feld ausfüllen.
   Dann müssen Sie noch eine zweite Kondition setzen. Das „Plus" neben dem letzten Feld anklicken und dann „**Page URL**" unter dem Punkt „*Aktivieren bei*" im ersten Feld vom Dropdown-Menü wählen, „**stimmt mit regulärem Ausdruck überein**" im zweiten Feld und „**de/.***" im letzten Feld. Wir geben dem Trigger z.B. den Namen „**Mail-Click DEU**". Auf „**Speichern**" klicken.

Damit wir dasselbe auch mit der *englischsprachigen Version* Ihrer Seite machen können, müssen wir **denselben TAG einfach duplizieren** und nur den Trigger ändern.

Unter der linken Menüleiste auf **TAGs** gehen, den **TAG „Mail-Click"** aufrufen und im darauffolgenden Fenster unter den drei Punkten oben rechts auf „**Kopieren**". Ein neuer TAG „**Kopie von Mail-Click**" wurde erstellt.

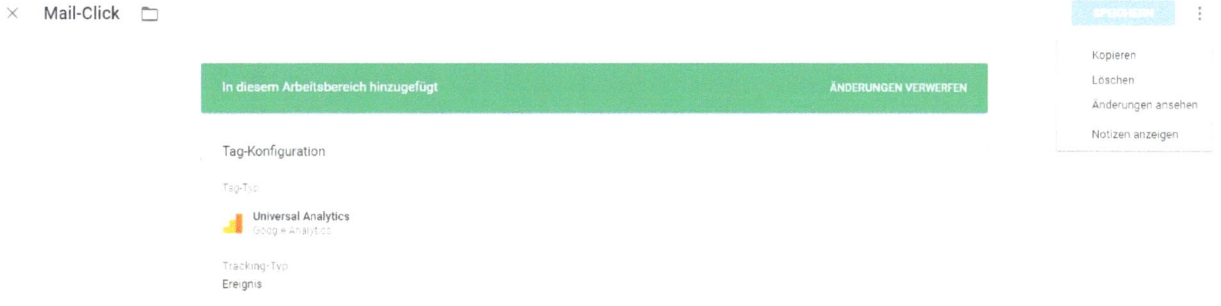

Sie erhalten nun eine unter „**TAGs**" eine „*Kopie von Mail-Click*", welche auch in der TAGs-Auswahl aufscheint:

Der Kopie z.B. den Namen Mail Click Englisch geben und fertig.

Das selbe müssen wir nun mit dem **Mail-Click Trigger** machen. Unter der linken Menüleiste auf **Trigger** gehen, den **Trigger „Mail-Click"** aufrufen und im darauffolgenden Fenster unter den drei Punkten oben rechts auf „**Kopieren**" klicken. Auch hier wurde ein neuer Trigger „**Kopie von Mail-Click**" erstellt.

Auf „**Kopie von Mail-Click**" (Trigger) klicken, den Namen ändern in z.B. *Mail-Click Englisch*. Wir müssen nun die Parameter abändern, damit nur die Ereignisse auf den **englischen Seiten** protokolliert werden:
Die Zeile mit „Click Text" bleibt genau wie bei dem „deutschen" Trigger gleich.
Wählen Sie bei „**Page URL**" im ersten Feld vom Dropdown-Menü, „**stimmt mit regulärem Ausdruck überein**" im zweiten Feld und dann eben „**en/.***" im letzten Feld.

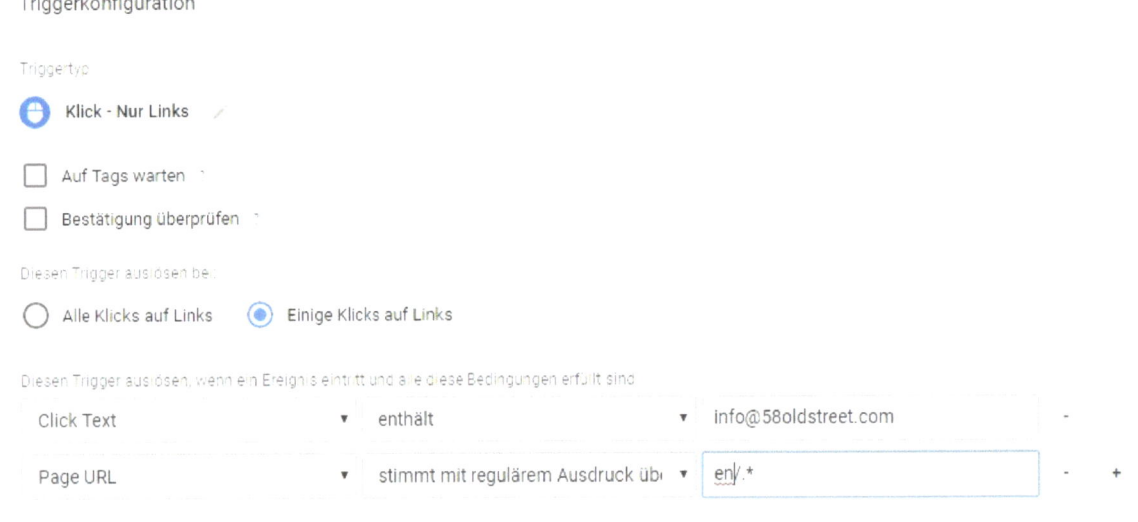

Einfach auf „**Speichern**" klicken und zurück zum linken Menü, wo Sie auf **TAGs** klicken und den TAG „**Mail-Click ENGLISCH**" aufrufen. Auf das Stift-Symbol im unteren Teil des Bildschirmes klicken (Box „Trigger"):

Nun finden Sie neben dem vorhandenen Trigger (**Mail-Click**) ein graues Minus und kurz darüber ein blaues Plus. Sie müssen den vorhandenen Trigger durch Klicken auf das Minus löschen.

Trigger

Auslösende Trigger   +

◯ **Mail-Click**
    Nur Links   ⊖

AUSNAHME HINZUFÜGEN

Sie finden nun wieder eine blanke Trigger-Box vor:

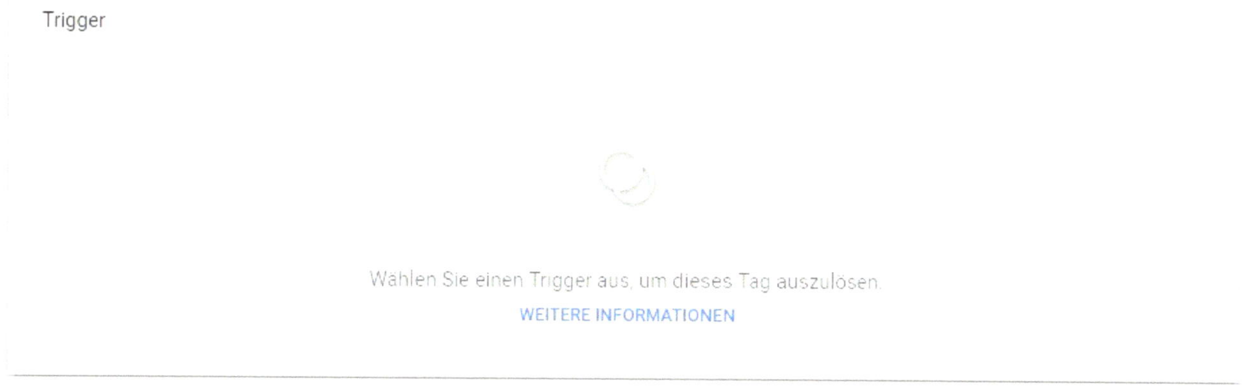

Trigger

Wählen Sie einen Trigger aus, um dieses Tag auszulösen.
WEITERE INFORMATIONEN

Die Box anklicken und den eben erstellten Trigger „**Mail-Click Englisch**" auswählen:

Wir haben hiermit den Trigger *Mail-Click* mit dem Trigger *Mail-Click ENGLISCH*
ausgetauscht. „**Speichern**" und auch diese Variante mit der Überwachung vom Mail Click
auf der englischen Sprachversionen Ihrer Internetseite wurde erstellt. Diese Unterteilung
kann natürlich mit beliebigen anderen Sprachen erweitert werden.

Ihnen sollte aufgefallen sein, dass bei jeder Änderung an TAGs, Triggers, etc. oben rechts in Ihrem
Interface folgendes aufscheint:

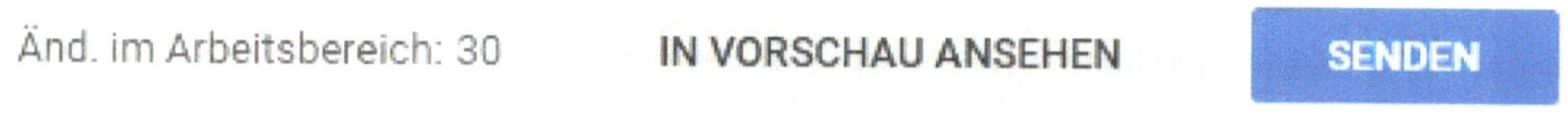

Änd. im Arbeitsbereich: 30   **IN VORSCHAU ANSEHEN**   **SENDEN**

„Änderungen im Arbeitsbereich" macht Sie darauf aufmerksam, dass alle eben durchgeführten Änderungen noch nicht veröffentlicht wurden. Also nicht vergessen, auf den blauen Button „SENDEN" zu drücken.

Hier jetzt die dritte und letzte Mail Click-Variante, welche ich erläutern werde:

3. Nehmen wir nun an, Ihre Internetseite hat wieder 2 Sprachen, Deutsch und Englisch, wobei sich die Hauptsprache (Deutsch) im URL Hauptordner befindet (www.myhomepage.de/XXX) und die englische Sprachversion in einem Unterordner (www.myhomepage.de/en/XXX). Erstellt beide TAGs wie gerade eben beschrieben und die zwei Triggers auf gleiche Art und Weise mit einigen kleinen Änderungen im Bereich „**Trigger auslösen**" der Hauptsprache (Deutsch) im **Trigger**. In unserem Falle also:

Im **Englischen** bleibt alles gleich, folgende Parameter in den Feldern:

Triggerkonfiguration

Triggertyp

🖱 Klick - Nur Links ✎

☐ Auf Tags warten

☐ Bestätigung überprüfen

Diesen Trigger auslösen bei:

◯ Alle Klicks auf Links   ⦿ Einige Klicks auf Links

Diesen Trigger auslösen, wenn ein Ereignis eintritt und alle diese Bedingungen erfüllt sind

| Click Text | ▼ | enthält | ▼ | info@58oldstreet.com | - | |
| Page URL | ▼ | stimmt mit regulärem Ausdruck übe ▼ | | en/.* | - | + |

Im **Deutschen** ändert sich das zweite Feld (Achtung: „stimmt **nicht** überein [...]"):

Das Ereignis wird beim Klicken auf die E-Mail-Adresse ausgelöst und als **Klick auf die englischen Sprachversion** gezählt, wenn es von einer Seite des englischen Unterordners kommt und als **Klick auf die deutsche Sprachversion**, wenn es eben **nicht** vom englischen Unterordner kommt. Diese Unterteilung kann natürlich beliebig oft mit beliebig anderen Sprachen erweitert werden.

3.2.2. Event beim Klicken der auf Ihrer Internetseite hinterlegten Telefonnummern (Click to Call)

Ein weiteres wichtiges Ereignis, das unbedingt protokolliert werden sollte, ist das sogenannte **Click to Call**. Wir kontrollieren hiermit, wie viele Benutzer Ihrer Internetseite auf die dort hinterlegten **Telefonnummern klicken / mit dem Finger tappen**. Ausschlaggebend natürlich vor allem bei mobilen Geräten!

Wir erstellen, wie bereits beschrieben, einen neuen TAG, den wir z.B. **Click to Call** nennen. Alles wie gehabt (falls erwünscht, Anonymisieren nicht vergessen: *Weiter Einstellungen -> Feldname* **anonymizeIp**, *Wert* **true**):

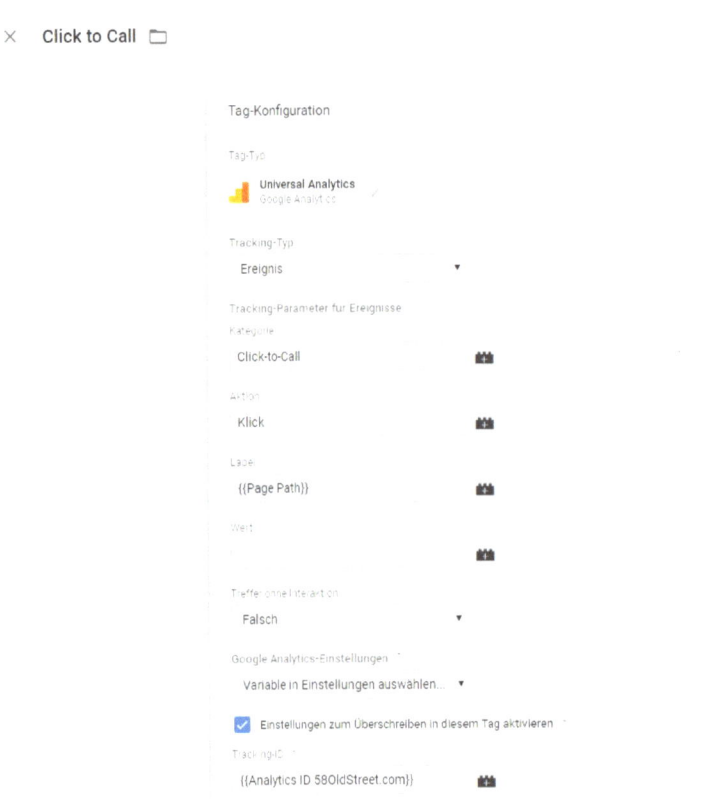

Nun müssen wir bei „**Trigger**" wieder entscheiden, wann dieser TAG „gefeuert" (ausgelöst) werden muss: Klicken Sie wieder auf die „Trigger"-Box und dann auf das **blaue Plus**.

Auf die „Triggerkonfiguration"-Box klicken und dieselben Einstellungen wie bei den anderen Triggern vorgehen: „**Klick**" -> „**Nur Links**" auswählen.

Wenn Sie das Klicken / Tappen **auf allen Seiten** unter Kontrolle halten wollen, wählen sie wie immer, im ersten Feld „**Page URL**," im zweiten Feld „**stimmt mit regulärem Ausdruck überein**" und im dritten und letzten Feld „**.***" . Nicht vergessen: Auch hier können Sie (wie im Absatz 3.2.1. unter Punkt 2 oder 3) die unterschiedlichen Sprachversionen Ihrer Internetseite trennen, falls erwünscht.

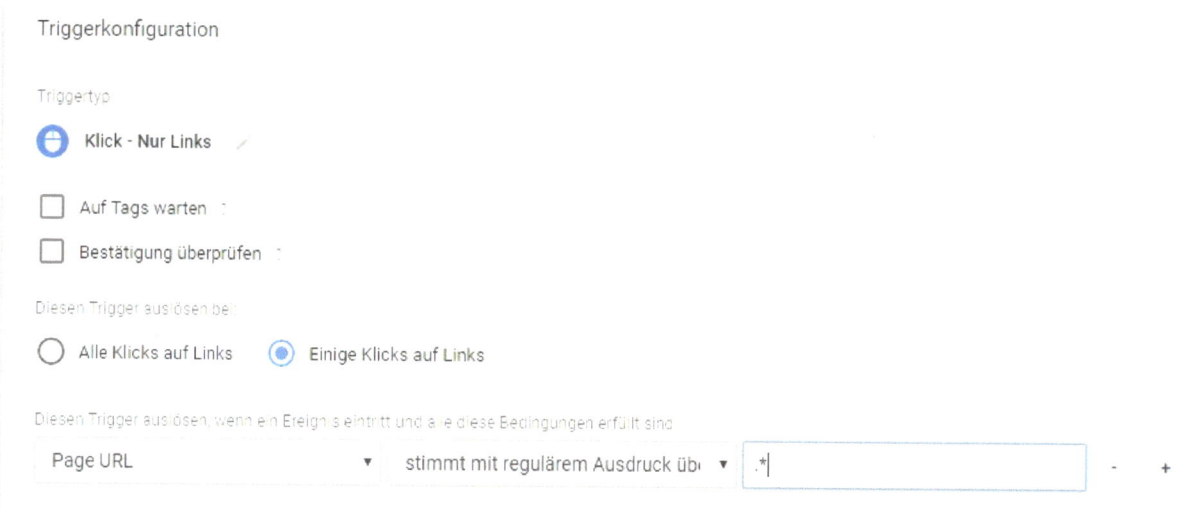

Nun müssen Sie die zweite Bedingung bestimmen (indem Sie auf das graue Plus-Zeichen klicken), die eintreffen muss, damit der Click to Call TAG ausgelöst wird. Es gibt verschiedene Möglichkeiten, welche Sie wählen können und welche verschiedenen Bedürfnissen gerecht werden.

Im ersten Feld können Sie z.B. „**Click Classes**" wählen (entspricht dem Namen der CSS Klasse, welche dem Link mit der Telefonnummer gegeben worden ist, z.B. <a class="XXX">).

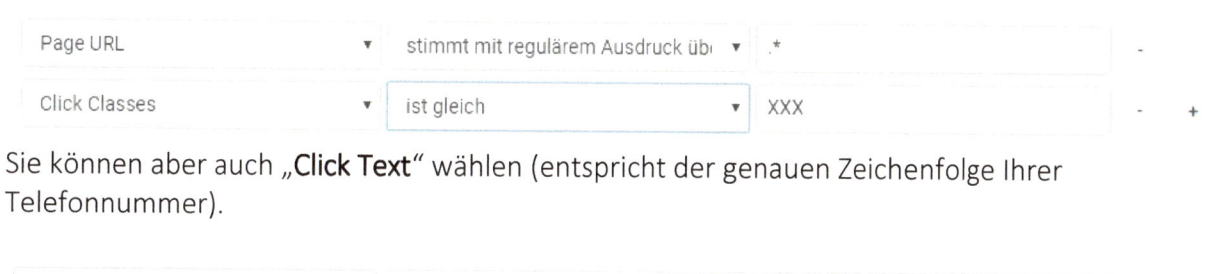

Sie können aber auch „**Click Text**" wählen (entspricht der genauen Zeichenfolge Ihrer Telefonnummer).

| Page URL | ▼ | stimmt mit regulärem Ausdruck übi | ▼ | .* | - | |
| Click Text | ▼ | ist gleich | ▼ | +39 337 XXX XXXX | - | + |

Die Wahl des ersten Feldes hängt von verschiedenen Faktoren ab. Möchten Sie zwischen Klicks auf Ihrer mobilen Nummer und Festnetznummer unterscheiden? Dann erstellen Sie 2 TAGs „**Click to Call**", einmal mit dem Trigger, welcher **Click Text** und Ihre Festnetznummer enthält und einmal mit dem Trigger, welcher **Click Text** und Ihre mobile Nummer enthält.

Sie möchten herausfinden, ob ein Overlay (ein kleiner Banner mit Ihrer Telefonnummer) auf der mobilen Version Ihrer Internetseite gut funktioniert? Dann erstellen Sie einen Click to Call TAG mit Trigger, welcher **Click Classes** und die CSS Klasse des Overlays (die Click Class ist hier immer eine andere) enthält.

Nützlich, vor allem beim Click to Call TAG, aber gültig für alle TAGs: Es können mehrere Trigger hinzugefügt werden! Sollten Sie z.B. sowohl Ihre mobile Nummer, als auch Ihre Festnetznummer zusammen kontrollieren wollen, dann erstellen Sie zwei Trigger, einmal mit **Click Text** -> **enthält** -> **Ihre Festnetznummer** und einmal einen Trigger mit **Click Text** -> **enthält** -> **Ihre mobile Nummer**.

Trigger mobile Nummer:

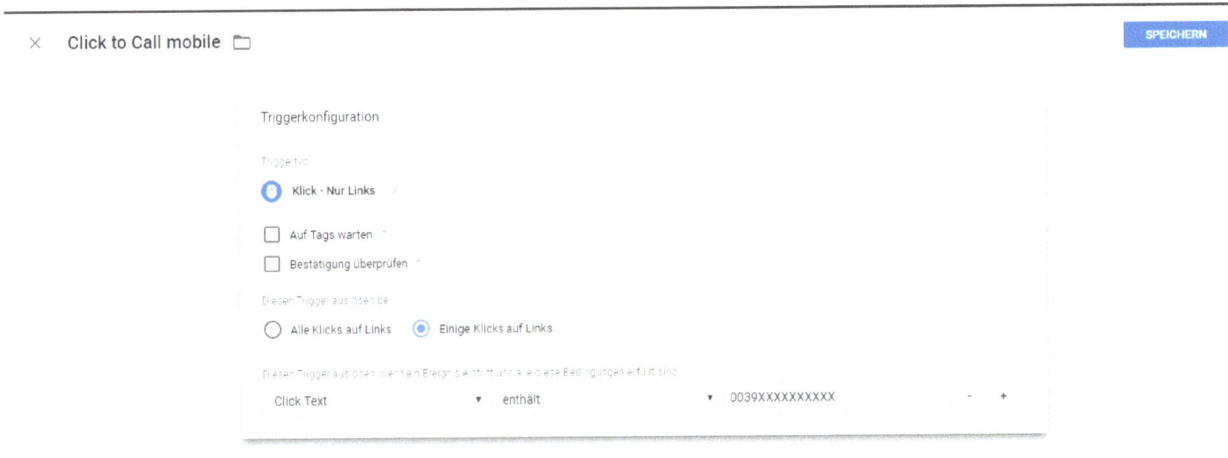

Trigger Festnetznummer:

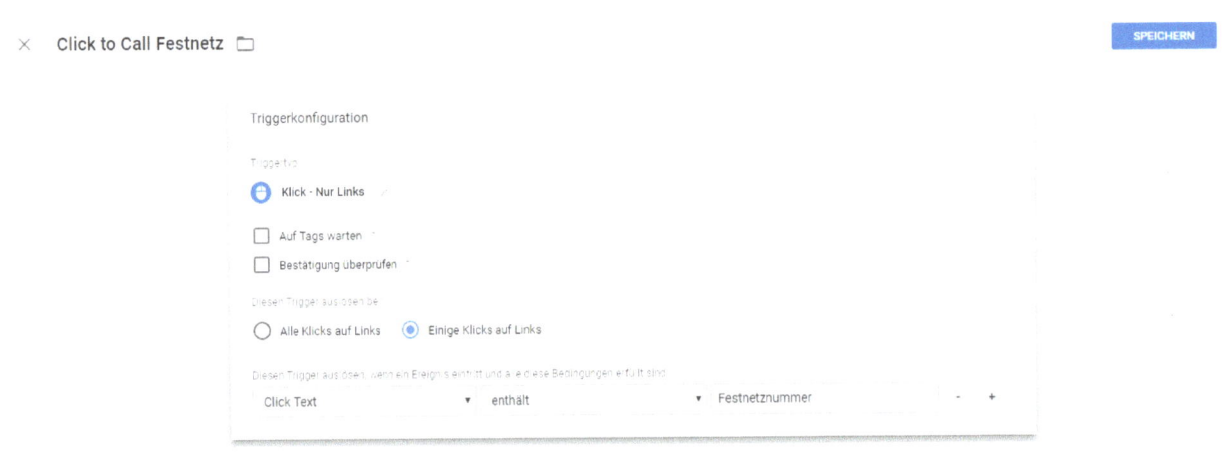

Beim Click to Call TAG können Sie nun beide Trigger hinzufügen. Einfach in der Trigger-Box beide Trigger auswählen und auf „**Speichern**" drücken:

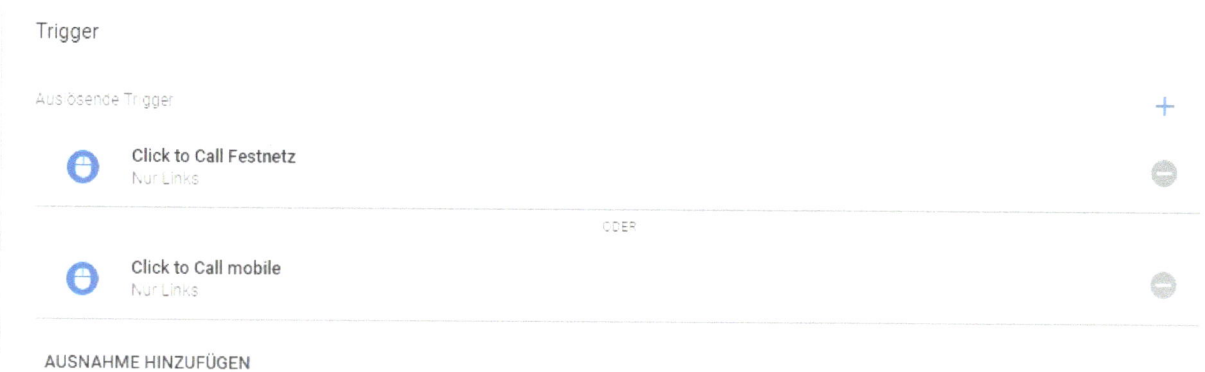

Das Ergebnis? **Ein Click to Call TAG**, welcher von 2 Triggern ausgelöst wird. Durch Klick auf die Festnetznummer oder durch Klick auf die mobile Nummer:

Wenn Sie in der linken Menüleiste auf „**TAGs**" klicken finden Sie wie immer die Übersicht aller TAGs und der Trigger, welche diese auslösen:

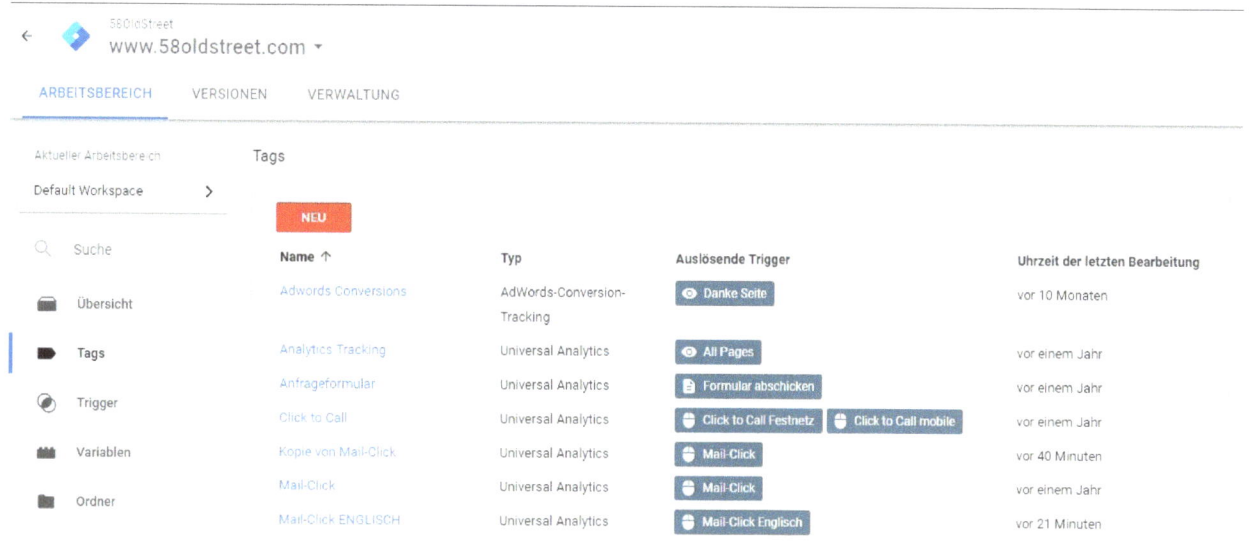

3.2.3. Event beim Absenden von einem Kontaktformular

Mittels Google Tag Manager können Sie den **Versand einer Anfrage** mittels eines **Anfrageformulars** tracken / verfolgen. Bitte erinnern Sie sich, wie unter Punkt 2. beschrieben, dass unter dem linken Menüpunkt „**Variablen**" beim Block „**Formulare**", alle Kästchen bestätigt / markiert sein müssen:

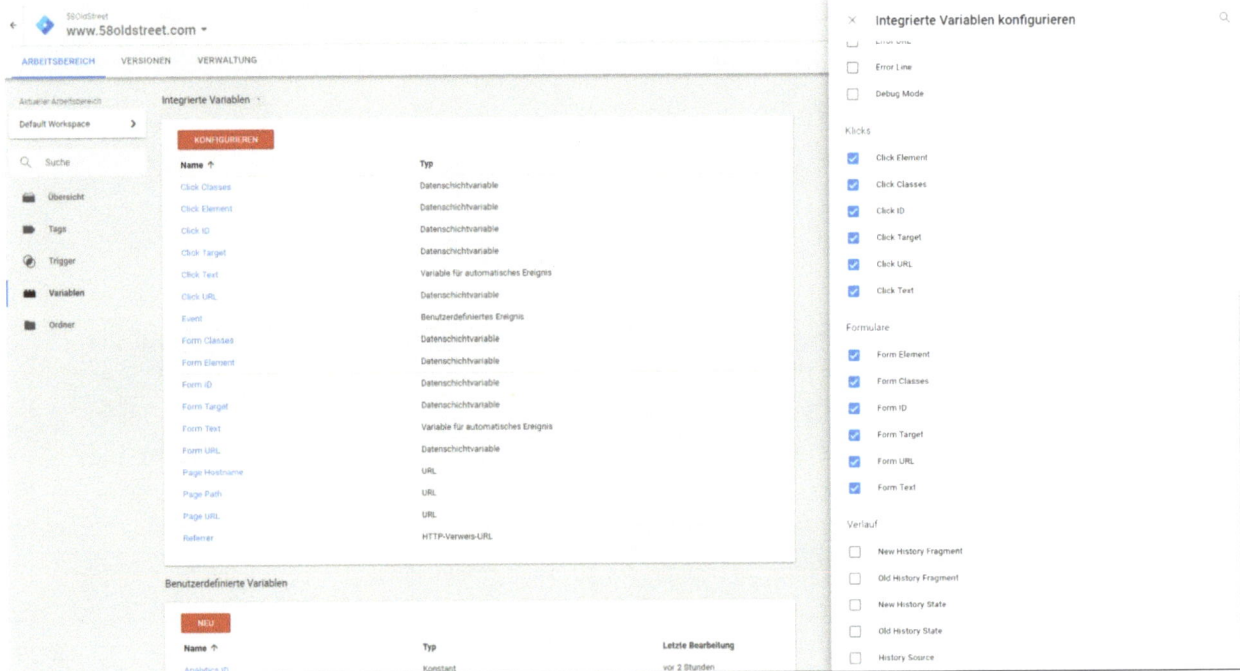

Bitte beachten Sie, dass im Falle einer Weiterleitung auf eine „Danke"-Seite (nach erfolgreichem Absenden des Formulars) es nicht absolut nötig ist, ein Event zu erstellen (um dann ein Ziel in Analytics zu erstellen). Die „Danke"-Seite kann einfach als Zielseite bei der Erstellung der Ziele in Analytics eingestellt werden (Punkt 5, Seite 42).

Sollten Sie jedoch trotzdem ein Event erstellen wollen, gehen Sie wie gehab vor, um einen neuen TAG zu erstellen. Tracking Typ „**Ereignis**", benutzerdefinierte Kategorie z.B. „*Kontaktform*", benutzerdefinierte Aktion z.B. „*Anfrage*". Im Falle einer Anonymisierung unter „**Weitere Einstellungen**" „*anonymizeIp*" und „*true*" nicht vergessen.

✕ Anfrageformular 🗀

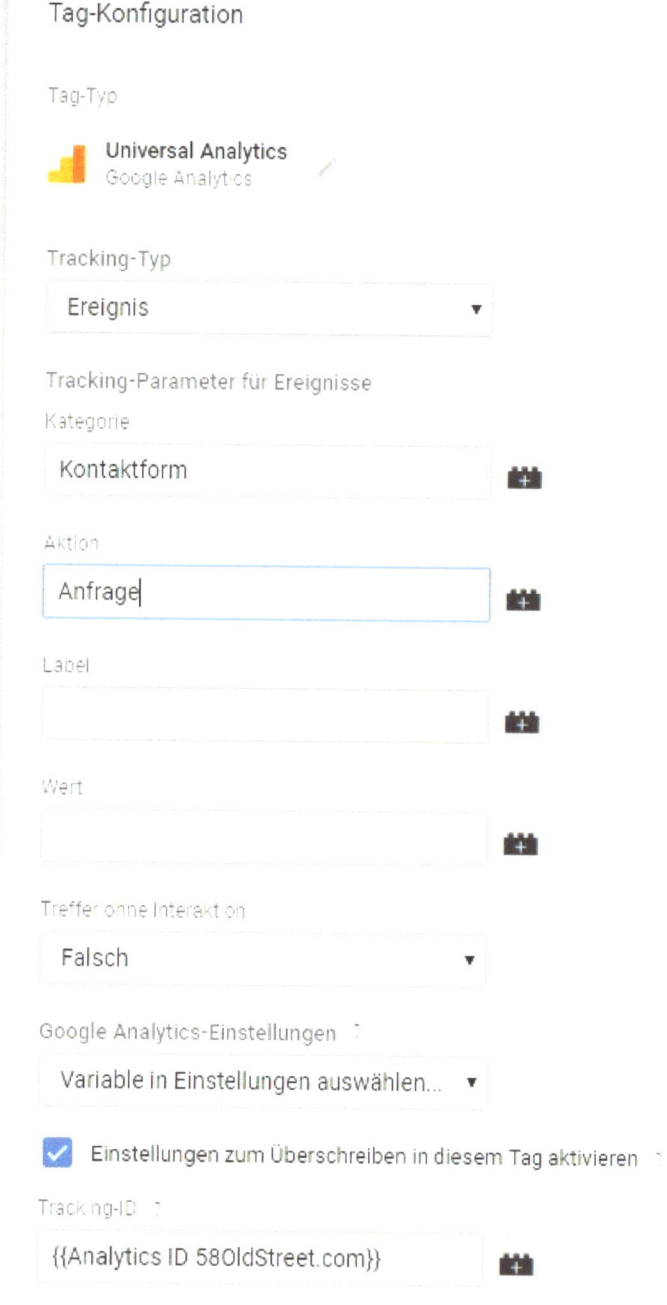

Tag-Konfiguration

Tag-Typ

Universal Analytics
Google Analytics

Tracking-Typ

Ereignis ▾

Tracking-Parameter für Ereignisse

Kategorie

Kontaktform

Aktion

Anfrage

Label

Wert

Treffer ohne Interaktion

Falsch ▾

Google Analytics-Einstellungen

Variable in Einstellungen auswählen... ▾

☑ Einstellungen zum Überschreiben in diesem Tag aktivieren

Tracking-ID

{{Analytics ID 58OldStreet.com}}

Im **Trigger Popup** gelten dieselben Auswahlmöglichkeiten wie immer. Zum ersten Mal verwenden wir jedoch unter „**Triggertyp**" die Auswahl „*Formular senden*".

Idealerweise aktivieren Sie die Checkbox „Bestätigung überprüfen", damit nur Formulare gezählt werden, die fehlerfrei versendet werden.

Sie können nun entscheiden, ob Sie unabhängig der Sprache das Absenden des Kontaktformulars von jeder Seite aus protokollieren möchten (.*):

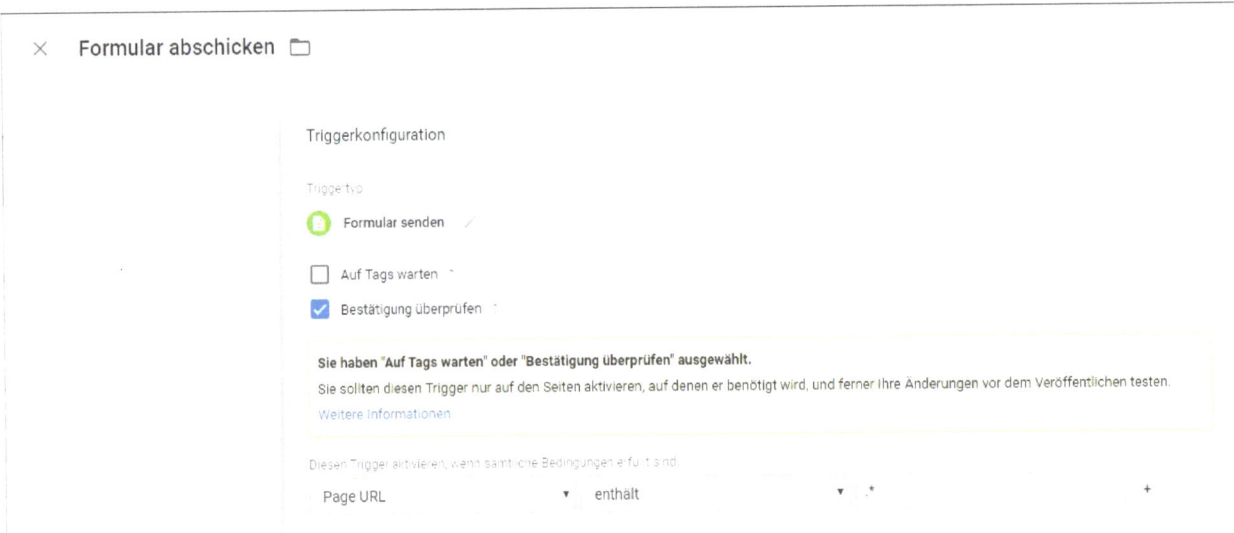

Wenn Sie die Anfragen in den unterschiedlichen Sprachen Ihrer Webseite protokollieren möchten, müssen Sie, wie bereits in anderen Kapiteln beschrieben, hier die Sprach-Unterordner einfügen. Für die englischen Anfragen, z.B. nennen Sie den Trigger „*Formular abschicken ENG*", und fügen im dritten Feld den englischen Unterordner ein (**en/.***):

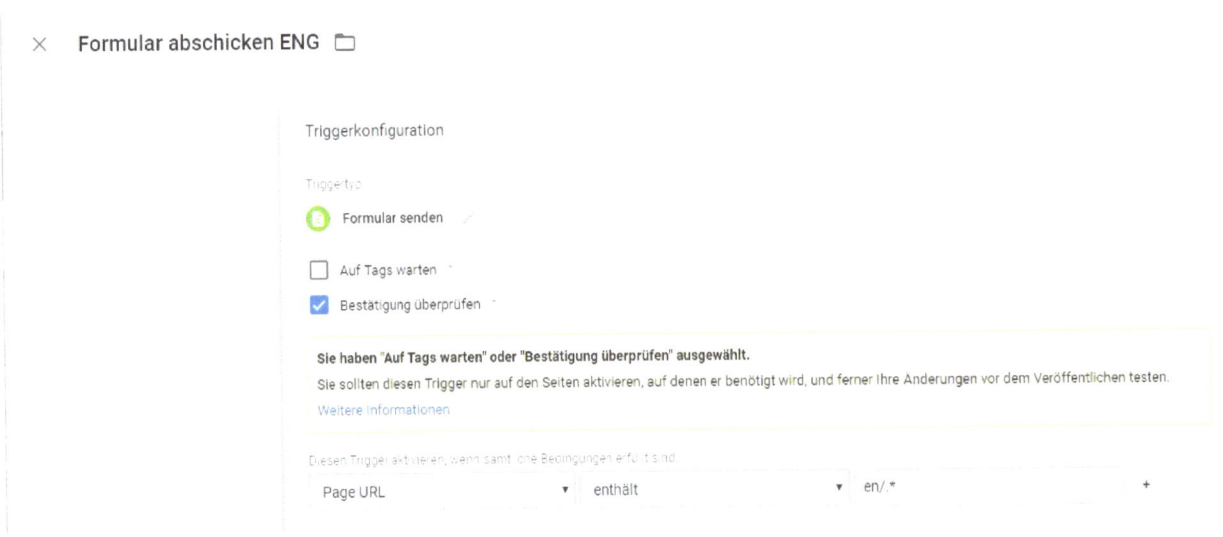

Fahren Sie, sofern Sie die unterschiedlichen Sprachen unterteilen möchten, mit den anderen Sprachen fort. Hier gelten dieselben Hinweise (Alle Sprachen in Unterordner, Hauptsprache nicht im Unterordner und alle anderen Sprachversionen schon, etc. wie unter Variante 2 und 3 vom Kapitel 3.2.1. auf den Seiten 15 bis 23).

NICHT VERGESSEN: jede Sprache braucht einen eigenen TAG und Trigger!

Als zusätzliche Alternative können Sie hier bestimmen, ob Sie nur das Absenden von ganz bestimmten Seiten aus zählen wollen, z.B. das Absenden eines Anfrageformulars von der Kontakte-Unterseite (www.IhreSeite.de/kontakte.html) aus:

> **Sie haben "Auf Tags warten" oder "Bestätigung überprüfen" ausgewählt.**
> Sie sollten diesen Trigger nur auf den Seiten aktivieren, auf denen er benötigt wird, und ferner Ihre Änderungen vor dem Veröffentlichen testen.
> Weitere Informationen

Diesen Trigger aktivieren, wenn sämtliche Bedingungen erfüllt sind.

| Page URL | ▼ | enthält | ▼ | /kontakte.html | + |

Bei *„Diesen Trigger auslösen bei"* wählen Sie **„Alle Formulare"**, wenn ein Abschicken des Formulars auf jeder Unterseite Ihrer Internetseite als Ereignis gezählt werden soll.
Bei der Auswahl von *„**Einige Formulare**"* können Sie auch, sollten Sie auf Ihrer Internetseite mehrere Formulare (Anfrage, Informationsmaterial senden, etc.) haben, nur ganz bestimmte Formulare auswählen (anhand der FormID):

Diesen Trigger auslösen bei:

◯ Alle Formulare   ⦿ Einige Formulare

Diesen Trigger auslösen, wenn ein Ereignis eintritt und alle diese Bedingungen erfüllt sind

| Form ID | ▼ | enthält | ▼ | form_1 | - | + |

Die FormID ist im HTML Quelltext ersichtlich.

„Speichern" und fertig ist der TAG samt Auslöser! Nicht vergessen auf **„SENDEN"** zu klicken und die Änderungen zu **veröffentlichen**.

3.2.4. Event beim Download eines Objektes (PDFs/File/etc.)

PDFs auf der Internetseite können dem Benutzer **nützliche zusätzliche Informationen** bieten, welche auf ausgearbeitete Weise oft zum Download angeboten werden. Möchten Sie diese Downloads als Ereignis **unter Kontrolle halten** und in Analytics protokollieren, bietet es sich an, unter Google Tag Manager einen speziellen Tag inklusive Trigger (Auslöser) für ein Event zu erstellen.

Wie gehabt, im linken Menü unter **TAGs** auf „**Neu**" klicken, korrekt ausfüllen und dem TAG einen Namen geben (z.B. PDF Download):

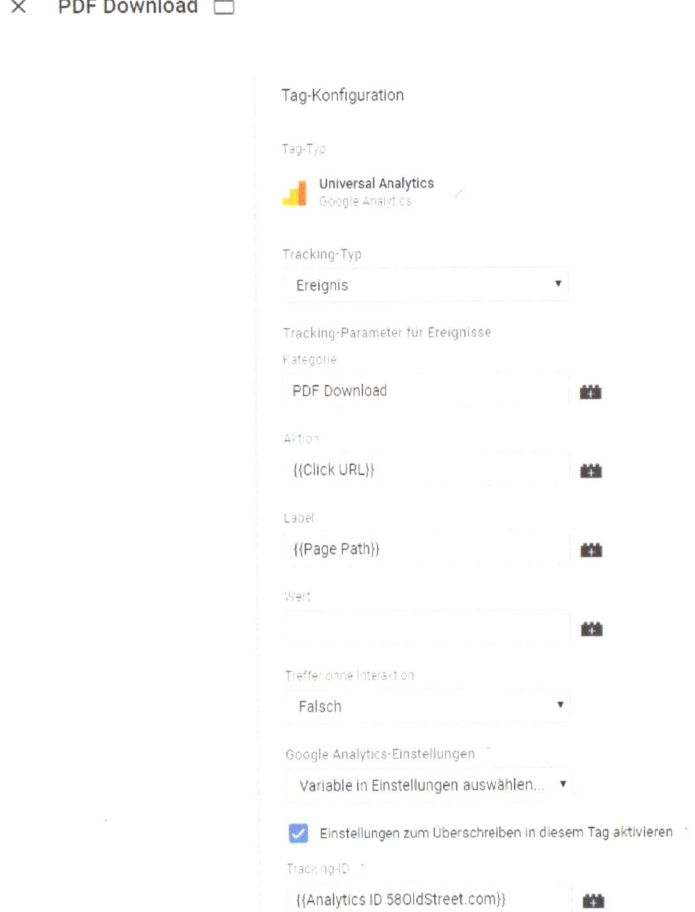

„*Kategorie*" z.B. **PDF Download**, unter „*Aktion*" **{{Click URL}}**, um die URL vom PDF angezeigt zu bekommen, sowie unter „*Label*" **{{Page Path}}**, um die Seite zu protokollieren, auf welche der Download stattfindet.

Treffer ohne Interaktion auf Falsch belassen, im Falle des Wunsches einer Anonymisierung der Daten, wie immer, unter **Weitere Einstellungen** -> **Festzulegende Felder** -> im **Feldnamen** *anonymizeIp* und im **Wert** *true* einfügen:

Auch hier muss ein Trigger bestimmt werden, der diesen TAG „zündet".

Bei Trigger auf „**Neu**" klicken, bei „*Triggertyp*" unter „*Klick*" „***Nur Links***" auswählen (der Download wird ja in einem Link zur Verfügung gestellt) und beide Kontrollkästchen ausgewählt lassen.

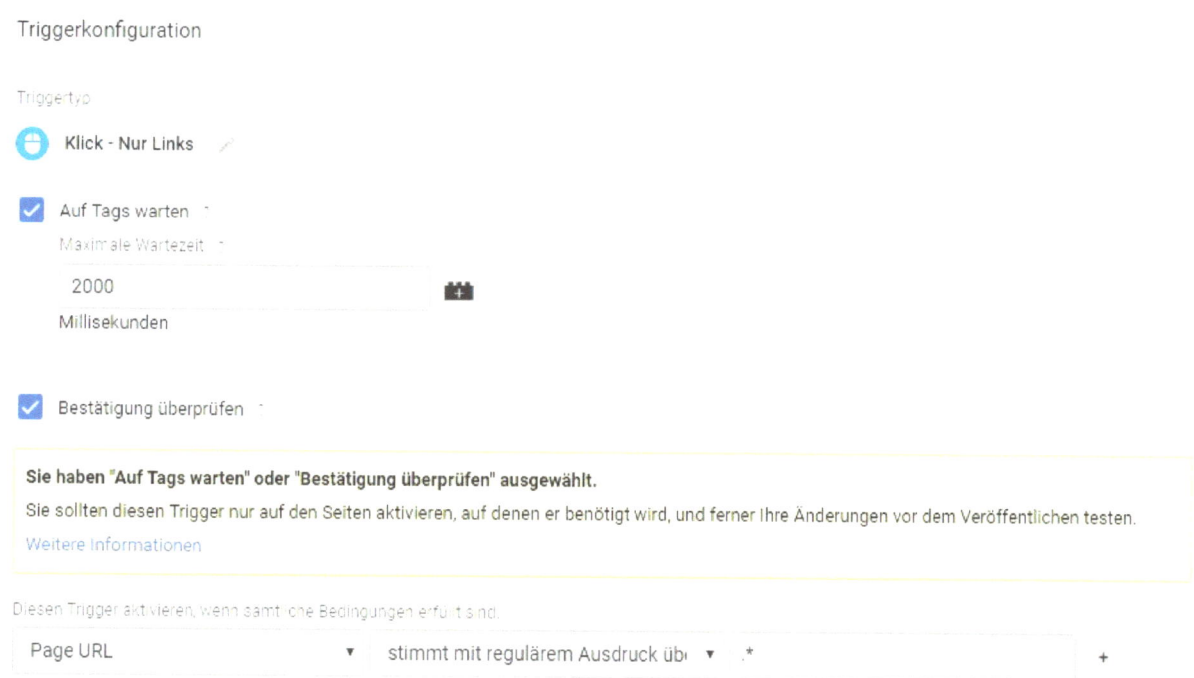

Bei „**Aktivieren bei**" im ersten Feld „**Page URL**" auswählen, im zweiten Feld „**stimmt mit regulärem Ausdruck überein**" und im letzten Feld „**.***". Somit gilt dieser Auslöser auf allen Seiten Ihrer Internetseite. Auch gibt es die Möglichkeit zwischen verschiedenen Sprachversionen der Internetseite zu unterscheiden!

Bei „*Diesen Trigger auslösen bei*" nur „**Einige Klicks auf Links**" wählen und anschließend im ersten Feld „**Click URL**" wählen, im zweiten Feld „**enthält**" und im dritten und letzten Feld „**.pdf**" (im Falle eines PDFs natürlich). Zweimal auf „**SPEICHERN**" klicken und nicht vergessen, auf „**SENDEN**" zu klicken!

Sie können diesen TAG und Trigger **für beliebiges Downloadmaterial** in den verschiedensten Formaten verwenden: **Bilder im JPEG Format, Podcast Sendungen im MP3 Format, E-Books im ePUB oder AZW (Kindle) Format.** Einfach nur die entsprechenden Endungen der Dateien im letzten Feld des letzten Punktes „*Diesen Trigger auslösen, wenn ein Ereignis eintritt und alle diese Bedingungen erfüllt sind*" entsprechend anpassen!

3.2.5 Kontrolle der GTM Events in Analytics

Nachdem Sie nun die wichtigsten Events in Google's Tag Manager erstellt und in Ihrem Container auf der entsprechenden Internetseite veröffentlicht haben, möchte ich Ihnen eine einfache sowie schnelle Art und Weise vorstellen, um in **Google Analytics** zu kontrollieren, ob diese Events auch **funktionieren** und als solche erkannt werden.

Loggen Sie sich in Ihrem **Analytics Account** ein und rufen Sie auf der linken Menüleiste unter „*Echtzeit*" den Untermenüpunkt „*Ereignisse*" auf:

Sie sehen die aktuellen Besucher Ihrer Internetseite, von welchem Gerät diese kommen (Mobilgerät, Desktop) und rechts eine Echtzeitanzeige der stattgefundenen Ereignisse.

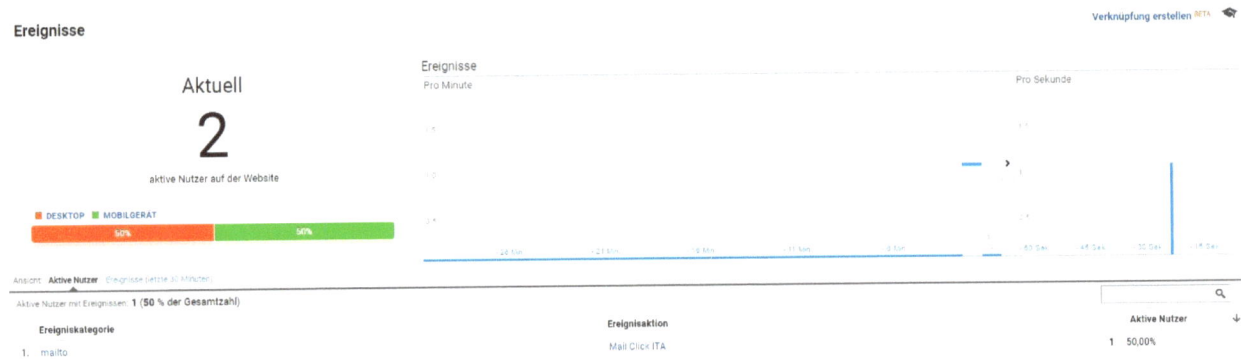

Nach **Klick auf die E-Mail-Adresse** dieser Beispielseite (mit Google Tag Manager) wurde ein Ereignis gezündet, welches Sie in den Echtzeitmessungen sehen (blauer Balken).

Im unteren Teil der Anzeige finden Sie eine Beschreibung, welches Ereignis aktiviert und protokolliert worden ist:

Unter **Ereigniskategorie** finden Sie den Namen, welchen Sie im TAG gewählt haben („mailto") und unter **Ereignisaktion** den im TAG hinterlegten Namen der Aktion, in diesem Falle „Mail Click ITA".

Hiermit können Sie alle in Google Tag Manager erstellten Ereignisse auf Ihre korrekte Funktionalität hin überprüfen.

4. Google Adwords einbinden

Google Adwords bietet viele Vorteile, wenn es um Werbung für die eigene Internetseite oder eigenen Produkte geht. Mit Google Tag Manager kann der Conversion Code von Ihrem Adwords Account (**Conversion Tracking**) auf sehr einfache Weise eingebunden werden.
Einfach ein neues TAG erstellen, bei „*Produkt auswählen*" die „**Google Adwords**" Box auswählen, beim „*TAG-Typ*" können Sie „**Adwords-Conversion-Tracking**" auswählen, um Ihren Adwords Conversion Tracking Code in Googles Tag Manager einzubinden, oder „**Adword Remarketing**" um eine Adwords-Remarketing Liste erstellen zu lassen. Bei Verwendung vom Remarketing beachten Sie bitte die schärferen Cookie-Hinweis Gesetze.

Nicht vergessen, das Adwords-Conversion-Tracking gilt nur, wenn Sie den **Adwords Conversion Code** verwenden. Sollten Sie Ihr Adwords Konto bereits mit Ihrem Analytics Konto verbunden haben, und im Adwords Konto die Analytics Ziele importiert haben, brauchen Sie keinen Google Adwords TAG zu erstellen.

Verpflichtend notwendig sind die „*Conversion-ID*" und der „*Conversion-Label*" Ihres Adwords Konto, welche in den ersten beiden Feldern eingetragen werden müssen:

✕   Adwords Conversions 🗀

Tag-Konfiguration

Tag-Typ

◢ AdWords-Conversion-Tracking
AdWords

Conversion-ID
919548137

Conversion-Label
E7FhCPqE52gQ6eG8tgM

Conversion-Wert

Bestellnummer

Währungscode

Diese beiden Werte finden Sie in Ihrem **Google Adwords Konto** unter *Tools -> Conversions*:

Sollten Sie bereits Conversions tracken, einfach auf die von Ihnen erstellten Conversions klicken und am Ende der nun angezeigten Seite werden Sie die gewünschten Parameter finden:

Tag einfügen

Kopieren Sie das Tag aus dem Feld unten und fügen Sie es zwischen den <body></body>Tags der Seite ein. die Sie erfassen möchten. Verwenden Sie dann das Google Chrome-Plug-in Google Tag Assistant, um sicherzustellen. dass Ihr Tag richtig platziert ist.

▸ **Legen Sie fest, ob Conversions beim Seitenaufbau oder bei einem Klick erfasst werden sollen.**

Tag für Test

```
<!-- Google Code for Test Conversion Page -->
<script type="text/javascript">
/* <![CDATA[ */
var google_conversion_id = 919548137;
var google_conversion_language = "en";
var google_conversion_format = "3";
var google_conversion_color = "ffffff";
var google_conversion_label = "E7FhCPqE52gQ6eG8tgM"
```

Anleitung und Tag speichern   Anleitung und Tag per E-Mail senden

Sollten Sie das Adwords Konto erst neu erstellt haben und noch kein Conversion-Tracking eingefügt haben, müssen Sie unter *Tools -> Conversions -> + Conversion -> Webseite* ein neues Tracking einrichten.

Wie oben angesprochen, müssen Sie beide Parameter nun einfügen:

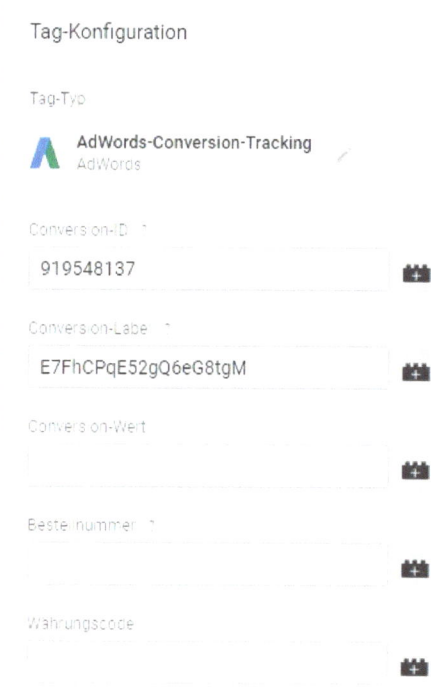

Den „*Conversion-Wert*" können Sie bestimmen, oder einfach leer belassen und nun den oder die Trigger bestimmen.

Ob und welche Form der Conversion Sie als solche bestimmen (das Anzeigen einer Danke-Seite nach erfolgreicher Anfrage, das Anzeigen einer Danke-Seite nach dem Download eines E-Books, etc.) ist natürlich Ihnen überlassen. Als Beispiel werde ich das Anzeigen einer Danke-Seite nach erfolgreicher Anfrage verwenden (gilt also nur für „**Einige Seitenaufrufe**").

Den Trigger folgendermaßen ausfüllen, bzw. einstellen (wir nehmen als Beispiel an, dass Ihre Danke-Seite http://meineSeite.de/danke.html entspricht):

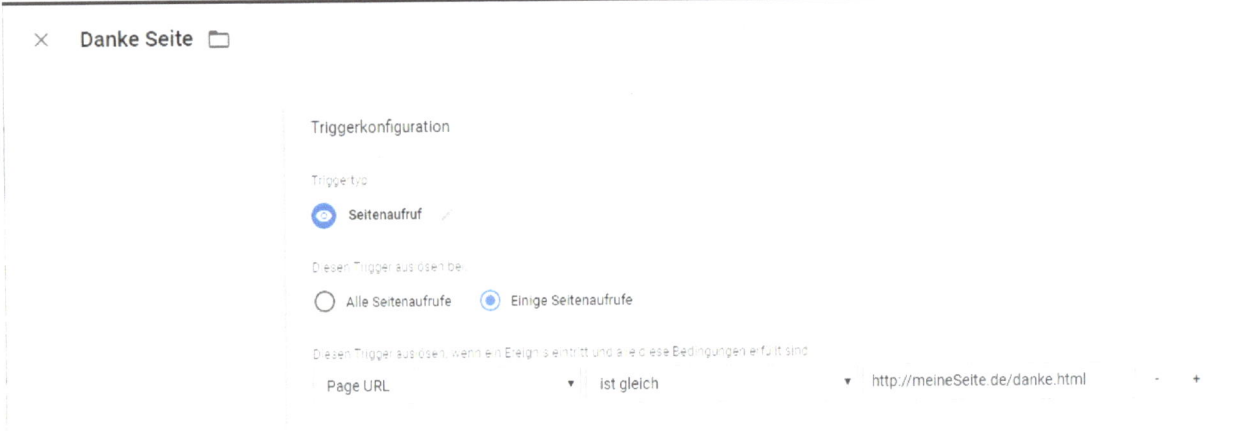

Auf „**SPEICHERN**" klicken, um den Trigger zu speichern und nochmals „**SPEICHERN**", um den TAG zu speichern.

Bitte beachten Sie, dass Sie auch hier, sollten Sie eine **Internetseite mit mehreren Sprachen** haben, zwischen den Anfragen der **einzelnen Sprachversionen** unterscheiden können. Einfach für jede Sprache einen eigenen TAG (unterschiedlich benannt) erstellen und die entsprechenden Danke-Seite im Trigger einfügen.

„**SENDEN**" klicken nicht vergessen!

5. Einstellung der Ziele in Google Analytics anhand der protokollierten Events von Google Tag Manager

Der wichtigste Punkt bei der Analyse der Wirksamkeit einer Internetseite ist neben der **Anzahl von qualitativen Visiten** auch **die Kontrolle von Abschlüssen / Conversions**, also die Umwandlung des Besuchs eines Nutzers einer Website in eine aktive Aktion, z.B. den Kauf einer Ware oder das Senden einer Kontaktanfrage. Wir haben eben diese Conversions als Google Analytics Events im Tag Manager erstellt. Sie können alle diese Events in Analytics im Menüpunkt (linke Menükolonne) *Verhalten* -> Untermenüpunkt *Ereignisse* -> *Übersicht* finden und auswerten:

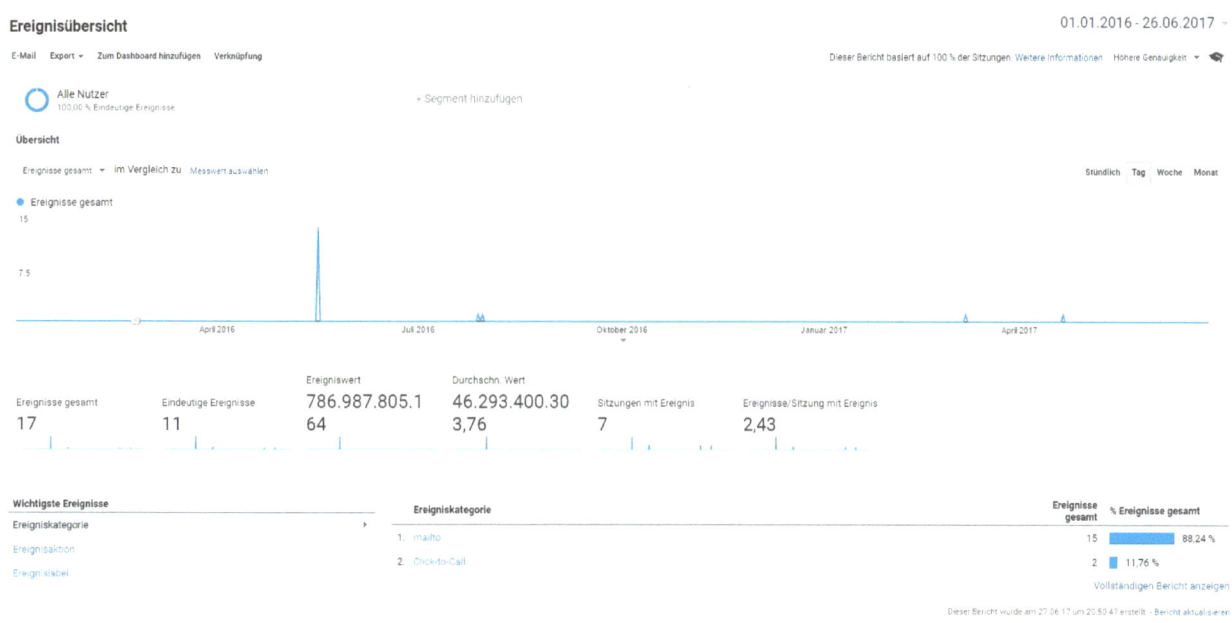

Sie können die Ereignisse anhand *Ereigniskategorie* (standardmäßig angezeigt), *Ereignisaktion* oder falls eingetragen *Ereignislabel* filtern und finden hier auch die exakten Begriffe, welche wir in diesen Feldern beim Erstellen der TAGs eingetragen haben.

Ereigniskategorie „**mailto**":

Ereignisaktion „**Mail Click DEU**" z.B.:

Zur einfacheren Übersicht und zur einfacheren Auswertung der Conversions mittels der einzelnen Analytics Kanäle können wir anhand dieser Events nun **Ziele / Conversions** in Analytics erstellen. Einfach in **Google Analytics einloggen** und unter dem Hauptmenüpunkt *„Verwaltung"* als letzten Punkt der linken Kolonne und anschließend unter *„Datenansicht"* auf **„Zielvorhaben"** klicken:

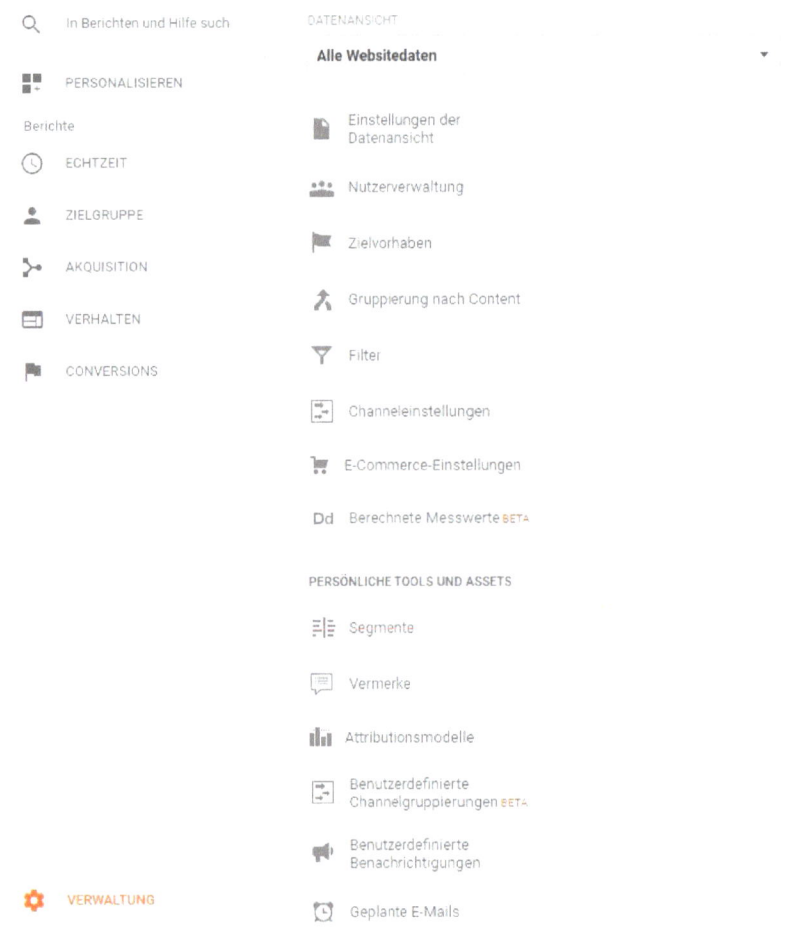

„+ Neues Zielvorhaben" auswählen und unter „Zieleinrichtung" den **„Benutzerdefiniert"**-Punkt auswählen.
Beim zweiten Punkt *„Zielbeschreibung"* dem Ziel einen *„Namen"* geben und als *„Typ"* eben **„Ereignis"** auswählen (in diesem Falle als Ereignis: Klick auf die E-Mail-Adresse):

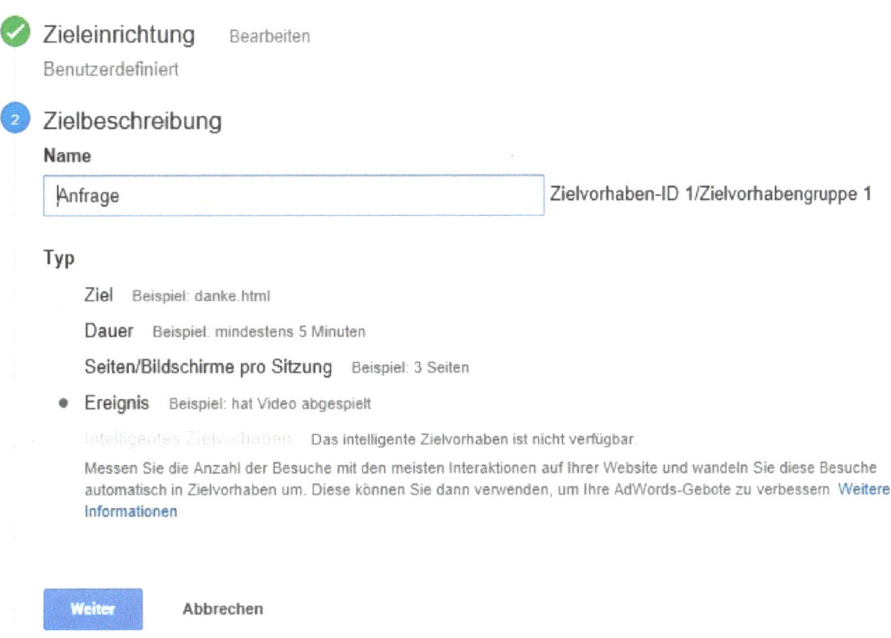

„**Weiter**" geht's: Unter „*Zieldetails*" bei „*Kategorie*" dasselbe schreiben, wie bei der Erstellung vom TAG unter dem Punkt **3.2.1. „Event beim Klicken der auf Ihrer Internetseite hinterlegten E-Mail-Adressen (Mail Click)".**

Zur Erinnerung:

Also im Falle vom TAG Mail-Click z.B. müssen „*Kategorie*" und „*Aktion*" übereinstimmen.

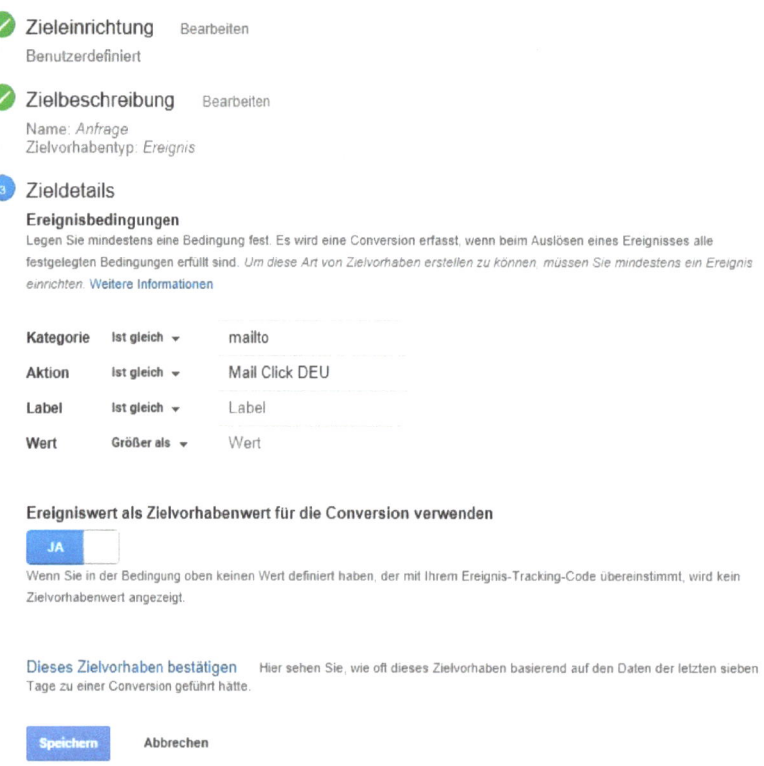

Auf „**Speichern**" klicken und mit allen unter Google TAG Manger erstellten TAGs / Events so weitermachen, bis alle Ziele erstellt worden sind.

6. Microdata / Structured Data mittels JSON-LD und Einbau in Ihrer Seite mittels Google Tag Manager (Custom HTML Tag)

Microdata / Structured Data sind das A und O der **SEO-Feinoptimierung** und werden als SEO-Ranking-Faktor, meiner Meinung nach, in Zukunft immer wichtiger werden. Wir geben damit wichtige Informationen an Google weiter, welche helfen, den **Inhalt besser aufzuschlüsseln.** Structured Data (deutsch: **Strukturierte Daten**) ist ein Begriff aus dem Bereich des semantischen Internets. Sie ermöglichen es Suchmaschinen, strukturierte Informationen von Webseiten **exakt einzuordnen und zusätzlich anzureichern.** Die meisten Microdata beruhen auf einer **Ansammlung von einem spezifischen Vokabular von Tags**, welche dem HTML hinzugefügt werden können, um die Art und Weise zu verbessern, wie Ihre Seite in den Suchmaschinenresultaten präsentiert werden kann: alle zu finden unter Schema.org.

Schema.org entstand aus einer Zusammenarbeit von Google, Bing, Yahoo! und Yandex, um die Inhalte der Internetseiten besser verstehen zu können.
Es gibt verschiedene Methoden / Techniken, um diese zusätzlichen Informationen ins HTML einzufügen. Ich werden eigentlich nur auf die **von Google empfohlene**, aber wenig bekannte, Methode eingehen: JSON-LD.

LSON-LD steht als Akronym für „JSON-basierte Serialisierung für ver_L_inkte _D_aten" und dient als Schnittstelle zwischen Maschine und Maschine, um eine Anreicherung an maschinell interpretierbarer Bedeutung zu erreichen.
Ich werden Ihnen hier den **Grundaufbau** von - mittels JSON-LD entstandener - Structured Data zeigen, welche mittels Schema.org basierte Tags, wie **Organization**, **WebPage**, **Language** und **SiteNavigationElement** wichtige Informationen anreichern:

1. **Organization**: Eine Organisation, wie eine Schule, ein Betrieb, ein Club, etc. * Mit Unterkategorien „Brand" und „PostalAddress". Für eine einzelne Person (Internetseite über eine Person) den Schema.org Tag „Person" verwenden.
2. **WebPage**: Eine Web-Seite. Es wird implizit angenommen, dass jede Webseite als Typ „WebPage" deklariert wird. * Mit Unterkategorie „Service" (sollte eine Dienstleistung angeboten werden).
3. **Language**: Natürliche Sprachen wie Spanisch, Englisch, etc. Formale Sprachcode -Tags werden in BCP 47 ausgedrückt und verwenden den „alternateName" Tag. *
4. **SiteNavigationElement**: Ein Navigationselement der Internetseite. Mit Unterkategorie „Service" (wovon handelt die Seite? Welche Dienstleistung wird angeboten?). *

* Übersetzungen aus dem Englischen von der Seite Schema.org

```
<script type="application/ld+json">
        [{
        "@context": "http://schema.org",
        "@type": "Organization",
        "founder": "Manuel Flaim",
        "address": {
        "@type": "PostalAddress",
        "addressLocality": "Algund",
        "addressRegion": "Südtirol",
        "addressCountry": "Italien",
        "postalCode": "39022",
        "streetAddress": "Alte Landstraße 58"},
        "description": "Flaim Manuel bietet intelligente Seo-Optimierungen und brillante AdWords-Kampagnen,
        sowie professionelle Web-Marketing Beratung.",
        "email": "info@58oldstreet.com",
        "image": "http://www.58oldstreet.com/images/logos/58oldstreet.png",
        "telephone": "00390000000000",
        "url": "http://www.58oldstreet.com",
        "sameAs": [ "https://www.facebook.com/XXXXXXXX",
           "https://www.twitter.com/XXXXXXXX",
           "https://plus.google.com/XXXXXXXXXXXX/about"],
        "brand": {
        "@type": "brand",
        "logo": "http://www.58oldstreet.com/images/logos/58oldstreet.com",
        "name": "58oldstreet"}
        },
        {
        "@context": "http://schema.org",
        "@type": "WebPage",
        "name": "58oldstreet",
        "url": "http://www.58oldstreet.com",
        "specialty": "Flaim Manuel bietet intelligente Seo-Optimierungen und brillante AdWords-Kampagnen, sowie
        professionelle Web-Marketing Beratung.",
        "mainEntity": {
        "@type": "Service",
        "description": "Eine kompetente SEO-Beratung Ihrer Internetseite, Copywriting, eine funktionelle SEO-
        Optimierung oder Hilfe beim Web-Marketing: Wenn Sie Kommunikations-Experten suchen, welche Sie bei der
        Erstellung Ihrer Website oder in der Verwaltung vom Web-Marketing begleiten sollen, dann sind wir die
        Profis für Sie! Wir unterstützen Sie selbstverständlich auch bei der klassischen Kommunikation mit
        Übersetzungen und Erstellung von Werbetexten."
        }},
        {
        "@context": "http://schema.org",
        "@type": "SiteNavigationElement",
        "name": "web visibility & copywriting",
        "url": "http://www.58oldstreet.com/",
        "about": {
        "@type": "Service",
```

```
"name": "Flaim Manuel bietet intelligente Seo-Optimierungen und brillante AdWords-Kampagnen, sowie
professionelle Web-Marketing Beratung."}
},
{
"@context": "http://schema.org",
"@type": "SiteNavigationElement",
"name": "Referenzen",
"url": "http://www.58oldstreet.com/portfolio-kunden.htm",
"about": {
"@type": "Service",
"name": "Entdecken Sie, wer sich entschieden hat, den eigenen Betrieb durch Flaim Manuel präsentieren zu
lassen."}
},
{
"@context": "http://schema.org",
"@type": "SiteNavigationElement",
"name": "news/blog",
"url": "http://www.58oldstreet.com/news-blog.htm",
"about": {
"@type": "Service",
"name": "All die wichtigsten Neuigkeiten aus der SEO-Welt und über Google: News über die aktuellen
Optimierungs-Leitlinien und praktische Ratschläge."}
},
{
"@context": "http://schema.org",
"@type": "Language",
"name": "Deutsch",
"url": "http://www.58oldstreet.com/de/",
"alternateName": "de"
},
{
"@context": "http://schema.org",
"@type": "Language",
"name": "Italienisch",
"url": "http://www.58oldstreet.com",
"alternateName": "it"
}]
</script>
```

Zur Kontrolle der **Microdata / Structured Data** empfehle ich das Test-Tool für strukturierte Daten von Google selbst: https://search.google.com/structured-data/testing-tool

Das Ergebnis sehen Sie hier:

Erkannt	0 FEHLER	0 WARNUNGEN	7 ELEMENTE
WebPage	0 FEHLER	0 WARNUNGEN	1 ELEMENT
Organization	0 FEHLER	0 WARNUNGEN	1 ELEMENT
Language	0 FEHLER	0 WARNUNGEN	2 ELEMENTE
SiteNavigationElement	0 FEHLER	0 WARNUNGEN	3 ELEMENTE

Im Detail:

← Organization   All (1) ▾

Organization	0 FEHLER 0 WARNUNGEN ⌃
@type	Organization
description	Flaim Manuel bietet intelligente Seo-Optimierungen und brillante AdWords-Kampagnen, sowie professionelle Web-Marketing Beratung.
email	info@58oldstreet.com
image	http://www.58oldstreet.com/images/logos/58oldstreet.png
telephone	00390000000000
url	http://www.58oldstreet.com
sameAs	https://www.facebook.com/XXXXXXXX
sameAs	https://www.twitter.com/XXXXXXXX
sameAs	https://plus.google.com/XXXXXXXXXXXXX/about
founder	
@type	Person
name	Manuel Flaim
address	
@type	PostalAddress
addressLocality	Algund
addressRegion	Südtirol
postalCode	39022
streetAddress	Alte Landstraße 58
addressCountry	
@type	Country
name	Italien
brand	
@type	Brand
logo	http://www.58oldstreet.com/images/logos/58oldstreet.com
name	58oldstreet

Nun aber zur wichtigsten Frage: Wie baue ich die JSON-LD Structured Data mittels Google Tag Manager in die Seite ein?

Dabei kommt uns der TAG „**Custom HTML TAG**" zur Hilfe.
Unter **TAGs** -> **Neu**, bei „*Tag-Typ auswählen*" -> „**Benutzerdefiniertes HTML**" auswählen:

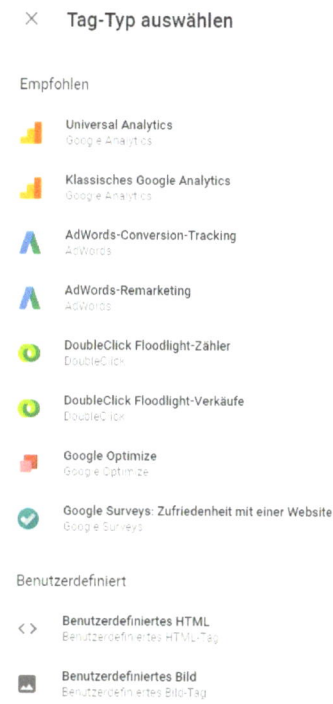

Dann einfach das gesamt JSON-LD <script> einfügen:

```
2  Tag konfigurieren

HTML

1  <script type="application/ld+json">
2  [{
3    "@context": "http://schema.org",
4    "@type": "Organization",
5  "founder": "Manuel Flaim",
6  "address": {
7    "@type": "PostalAddress",
8    "addressLocality": "Algund",
9    "addressRegion": "Südtirol",
10   "addressCountry": "Italien",
11   "postalCode": "39022",
12   "streetAddress": "Alte Landstraße 59"},
13 "description": "Flaim Manuel bietet intelligente Seo-Optimierungen und brillante AdWords-Kampagnen,
   sowie professionelle Web-Marketing Beratung.",
14 "email": "info@58oldstreet.com",
15   "image": "http://www.58oldstreet.com/images/logos/58oldstreet.png",
16   "telephone": "00390000000000",
17   "url": "http://www.58oldstreet.com",
```

Bei „Trigger"-> „**All Pages**" wählen. Zweimal „**SPEICHERN**" und veröffentlichen!

7. Über mich

Jahrgang 1977, Magister der Naturwissenschaften, habe ich den größten Teil meines beruflichen Lebens (12 Jahre) im Bereich **Kommunikation und Verkauf** bei verschiedenen internationalen Pharmaunternehmen verbracht, wo ich das Privileg hatte, verbale und nonverbale **Kommunikation** sowie die Grundlagen von zielorientiertem **Marketing** zu erlernen und verfeinern.
Nach einer professionellen Midlife-Krise und nach 6 Monaten Spezialisierungskurs in „Web Visibility" mit 8 Stunden Unterricht am Tag (back to school o.O) arbeite ich seit einigen Jahren als **SEO/SEM Specialist** und **Product Manager**.

ZERTIFIZIERUNGEN:
- Google Analytics
- Google Adwords
- Microsoft Bing Ads Accredited Professional